"阅读力"丛书

THE OTHER SIDE OF READING

阅 读 的 彼 岸

世界文化名人谈阅读

闫英杰 主编

WORLD CULTURAL CELEBRITIES TALKING ABOUT READING

西安出版社

图书在版编目（CIP）数据

阅读的彼岸:世界文化名人谈阅读 / 闫英杰主编.—西安:西安出版社,2018.12
（《阅读力》系列丛书）
ISBN 978-7-5541-3531-0

Ⅰ. ①阅… Ⅱ. ①闫… Ⅲ. ①读书方法 Ⅳ. ①G792

中国版本图书馆CIP数据核字(2018)第279107号

阅读的彼岸
世界文化名人谈阅读
YUEDU DE BI'AN

主　　编：闫英杰
出版发行：西安出版社
社　　址：西安市长安北路56号
电　　话：（029）85253740
邮政编码：710061
印　　刷：西安市建明工贸有限责任公司
开　　本：880mm×1230mm　1/32
印　　张：6.5
字　　数：120千
版　　次：2018年12月第1版
　　　　　2019年1月第1次印刷
书　　号：ISBN 978-7-5541-3531-0
定　　价：28.00元

提高阅读力，助推“中国梦”

1995年，联合国教科文组织通过决议，将每年的4月23日定为“世界读书日”，旨在“希望散居在全球各地的人们……都能享受阅读的乐趣，都能尊重和感谢为人类文明做出巨大贡献的文学、文化、科学思想大师们，都能保护知识产权。”此后，世界各国响应联合国教科文组织的决议，以多种方式展开了大规模的读书活动，在世界范围内逐渐形成了蔚为壮观的读书大潮。

2016年12月27日，我国发布了《全民阅读“十三五”时期发展规划》，将全民阅读提升到国家战略的高度，它可增强国家文化软实力，促进国民素质的优化。从2014年始，李克强总理连续将全民阅读写入政府工作报告。在党的十九大报告中，“坚定文化自信，推动社会主义文化繁荣兴盛”的内容更是占了较大篇幅。阅读，比以往时候更被政府和有识之士赋予更多内涵和关注。

目前，各级政府、新闻出版管理部门和社会组织正在形成合力，推动全民阅读、营造书香社会。据第十五次全国国民阅读调查报告（2018）数据显示，中国国民的“阅读力”正在被唤醒，阅读的人群更庞大，阅读的品种更细分，阅读的时间在增加，图书的传播形式更多元。阅读，在中国，正在成为越来越多人日常生活中的必需品。

但是，我们也忧虑地看到，我国国民阅读量总体不高，与发达国家相比存在较大差距；阅读的公共资源亟需增加，特别是部分地区阅读资源严重匮乏，社会上一些特殊困难群体的基本阅读需求得不到满足；更存在阅读的无主流、快餐化、碎片化、娱乐化等不良倾向；阅读氛围依然不强，亟需进行专业性的引导和服务，等等。

与群众普及性读书活动相映生辉的是阅读理论研究的陆续开展。《阅读力》丛书基于国家号召和目前人们阅读现状而生，对阅读进行了专业有效的梳理，提供了系统专业的读书资料，是一套难得的阅读理论专门作品，内容涵盖中国古今文化名人、外国历代思想文化大师谈阅读的方法和心得，着眼于全球各国阅读现状的分析思考，探讨了为何读书、如何读书和怎样读书、读哪些书等相关专题，介绍了世界各国那些丰富多彩的阅读活动，力求进一步拓展全民阅读的深度和广度。虽然目前看来本书在很多方面尚显得单薄，但这种努力已值得鼓励。

希望本书在全民“阅读力”的提高方面有所裨益，激励更多人认识到阅读不仅是对个人素养的塑造，更关系每一代人的精神成长，关系到国家民族的发展，尤其关乎国民性的优化和养成。让阅读成为中国人的一种生活方式，更成为中华民族伟大复兴、实现中国梦的助力器。

目录

第一章 古希腊罗马时期

第二章 中世纪文艺复兴时期

第三章 启蒙——理性时期

第四章 十九世纪到二十世纪以后

第五章 外国名人读书趣事

附录

第一章 古希腊罗马时期

古希腊罗马时期是人类文明史上最为光辉灿烂的时代之一。一方面是由于物质财富的极大丰富，另一方面是由于哲人的辈出以及文化的高度繁荣。由于身处海洋文明以及对世界的极大的好奇，古希腊人注重未知世界的探索和对世界本源的思考。因而，对知识的追寻和对真理的探索，就成为古希腊罗马人生活中极为重要的部分。古希腊罗马人注重智慧和知识，当然也很重视阅读在人的智慧和能力形成方面的巨大力量和作用。

选文选取苏格拉底、柏拉图、亚里士多德等古希腊罗马最具代表性的先贤大哲，重点是理出他们对智慧和阅读的看法和建议。这些先贤们共同的特点就是对真理的渴求，对知识的谦卑，对时间的珍惜以及对阅读的珍爱。这就启示我们以先贤为榜样，抱着谦虚的态度，谨慎的作风以及勤奋的付出，努力以阅读为桥梁，真正使自己日日新。

第一节
苏格拉底

【作者简介】

苏格拉底（Socrates，公元前469—公元前399年），古希腊著名的思想家、哲学家、教育家，西方哲学的奠基者之一，与柏拉图、亚里士多德并称为“古希腊三贤”。苏格拉底学识渊博，注重从哲学的高度探讨伦理问题，谋求改变人的思维方式，重建道德秩序；热爱母邦，反思雅典衰落原因，以求发愤图强；重视教育，积极与青年结交，着意培育才俊以兴国邦。苏格拉底被指控“腐蚀青年人的心灵，相信他自己发明的神，而不相信国家认可的神”，最后被判处死刑，从而成为整个雅典，乃至整个希腊时代的悲剧。

目前，苏格拉底生平事迹主要是从柏拉图的《柏拉图全集》、色诺芬的《回忆苏格拉底》以及第欧根尼·拉尔修的《名哲言行录》中获得。苏格拉底虽然没有直接谈论读书的方法，但是其虚怀若谷的求知态度和孜孜以求的求知精神，以及对美德和善行的向往，对现实的真切批判和对未来的无限希望，为我们树立了读书求知以及做人处事的光辉形象。

【选文呈现】

先生们，我得到这种名声无非就是因为有某种智慧。我指的是哪一种智慧？我想是人的智慧。在这种有限的意义上，我好像真是聪明的。我刚才提到的这些天才人物拥有的智慧可能不止是人的智慧。我不知道其他还有什么解释。我肯定没有这种智慧的知识，任何人说我有这种知识都是在撒谎，是故意诽谤。现在，先生们，如果我好像是在口出狂言，请别打断我，因为我将要告诉你们的这些话并非我自己的看法。我将向你们提起一个无可怀疑的权威。这个权威就是德尔斐的神，他将为我的智慧作证。

（［古希腊］柏拉图：《申辩篇》，载《柏拉图全集》（第一卷），王晓朝译，人民出版社2002年版，第6页）

【选文助读】

古希腊罗马时期是指从公元前6世纪中叶开始，直到公元476年西罗马帝国灭亡，中间这一千多年的历史阶段。这一时段的历史进程是同古希腊罗马奴隶制的发生、发展和灭亡紧密地联系在一起的。

古希腊罗马文化是人类文化史上的童年时期，也是人类文化史上最为灿烂夺目的时期。她丰富的哲学思考和成果，扩展了人类对宇宙和自身的思考，促进了人类思想的成熟和行为的自觉，不但为整个西方文化的发展奠定了基本思路和格局，更为后世树立了爱智慧、重思辨的典范。她丰富的神话传说、文学艺术、历史作品以及诸如荷马等灿若星辰的文艺大家，开启了一个以美启善、以美求真的理想时代；既为我们提供了文学的饕餮盛宴与艺术的精神洗礼，更以其难以企及的高度成为后世效仿的典范和永恒的指导。对自然和宇宙的探索同样是古希腊罗马人的一大爱好和任务，对世界本源和始基的追寻，对经验的重视和早期科学研究的形成，足以垂范后世，享誉世界。总之，正如马克思所概括总结的：“在希腊哲学的多种多样的形式中，差不多可以找到以后各种观点的胚胎、萌芽。因此，如果理论自然科学想要追溯自己今天的一般原理发生和发展的历史，它也不得不回到希腊人那里去。而这种见解愈来愈为自己开拓道路。”

对智慧的寻求和探索是古希腊罗马人永恒的主题和坚定的信念，也是古希腊罗马人留给后世最为珍贵的财富。由于受时代和环境的影响，早期希腊哲人注重对自然世界的探索，着重于对世界的本源和始基的寻找。并从早期朴素唯物主义的角度将水、火、原子等作为世界的本源。从智者学派和苏格拉底开始，希腊哲学出现了明显的人文主义转向。哲人们开始将目光由外部世界转向人类自身的社会和修养层面上来，专注于智慧的探索和德行的培养上来。

正如苏格拉底所说，追寻智慧的首要前提是要承认自己的无知。也就是要怀有一个虚心的态度和宽广的胸怀，保持一颗好奇的求知心和一股执着的求知欲。要排除一切有碍于追求智慧的事物，勇敢地向智慧挺进。因为，只有智慧才是终极幸福的基础和永恒的保障。这就要求我们透过现象从而上升到对理念等终极因素的把握，而不是只满足于表面的了解和认识。任何的浅尝辄止，都只能使我们的灵魂受到污染，从而堕落下降，与真理分离。

第二节
柏拉图

【作者简介】

柏拉图（Plato，约公元前427—公元前347年），原名阿里斯托克勒（Aristokles），是古希腊时期最重要的思想家、哲学家、教育家之一，也是整个西方文化中最伟大的思想家和哲学家之一。在哲学上建立了欧洲哲学史上第一个庞大的客观唯心主义体系，为西方哲学奠定了坚实的基础；教育上开创了柏拉图学院，为后世学校的设立树立了良好的榜样。正如波普尔（Karl Popper，1902—1994

年）所评价的："柏拉图著作的影响，不论是好是坏，总是无法估计的。人们可以说西方的思想，或者是柏拉图的，或者是反柏拉图的，可是在任何时候都不是非柏拉图的。"

柏拉图继承了其老师苏格拉底的传统，并将之发扬光大，注重对知识和智慧的追寻和探索，强调对德行的教育和培养。其关于智慧的观点，以及如何获得智慧，培养德行的论述，对我们自身修养启发尤大，也是我们读书的重要参照。

【选文呈现】

只要我们还活着，我们就要继续接近知识，我们要尽可能避免与身体的接触和联系，除非这种接触是绝对必要的，而不要允许自己受身体的性质的感染，我们要洗涤我们自己受到的身体的玷污，直至神本身来拯救我们。通过拒绝身体的罪恶使自己不受污染，以这种方式，我们有可能获得与我们志同道合的人为伴，得到纯洁无瑕的知识，亦即真理。不纯洁的人若能抵达纯洁的领域无疑是违反普遍公正的原则的。

（[古希腊]柏拉图:《斐多篇》，载《柏拉图全集》（第一卷），王晓朝译，人民出版社2002年版，第64页）

还有，当非常魁梧强壮的身躯同弱小无能的理智结合在一起的时候，由于人生来就有两种欲望——一种为身体谋求食物的欲望，另一种是为我们的这个神圣部分（指头部）谋求智慧的欲望——那么强者的运动会越来越占据优势，力量会越来越强，而这种状况就会使灵魂变得越来越迟钝、糊涂、健忘，由此产生最严重的疾病——无知。

（[古希腊]柏拉图：《蒂迈欧篇》，载《柏拉图全集》（第三卷），王晓朝译，人民出版社2003年版，第341页）

我也听说他当时已经就我教他的那些主题进行写作，好像在写一本书，内容与他得到的教导完全不同。关于他的书我一无所知。然而，我确实知道有些人也在就相同的主题写作，但他们是什么人我不得而知。但不管怎么说，我能说的就是所有这些作家或自称写了我所醉心研究的这些主题的人，无论他们如何掌握这方面的知识，无论是从我的教导中得来的，还是从别人那里听来的，还是他们自己发现的，我认为他们都没有真正地掌握这个主题。我肯定没有写过关于这个主题的书，今后也不打算这样做，因为这种学说是无法像其他学问一样见之于文字的。倒不如说，要熟悉它就要长期接受这方面的教导，与之保持亲密关系，然后终有一天，它就像突然迸发的火花在灵魂中生成，并马上成为不证自明的东西。

除此之外，我确实知道，如果能用一篇论文或一个讲演来处理这个主题，那么我能把它做得最好。我也可以肯定，如果看到一篇涉及这个主题的论文写得很差，那么我会感到非常遗憾。如果我认为有可能为了公众而以论文或讲演的形式恰当地处理这个主题，那么在我的一生中还有什么成就能比写成这样一本能够给人类带来巨大利益，把事物的本性启示给所有人的著作更加杰出的成就呢？然而，我并不认为把这些事情告诉人们是一件好事，除非是在少数人的情况下，这些人有能力稍加指导就能独立地去发现真理。而对其他人来说，他们中有些人只能以一种冒犯的方式去进行不恰当的尝试，对有些人来说这肯定只是一种高尚而又空洞的希望，就好像他们已经获得了某些令人敬畏的学问似的。

……

（[古希腊]柏拉图：书信（第7封），载《柏拉图全集》（第四卷），王晓朝译，人民出版社2003年版，第96—97页）

【选文助读】

柏拉图继承了其老师苏格拉底的人文主义思想传统，继续坚持对智慧的不断追求和探索。他认为："智慧是灵魂的助手，借助这些工具和它的所有工具，灵魂使一切事物达到正确与快乐的境地，但若愚蠢成为灵魂的伴侣，那么结果就完全相反了。"也就是说，智慧在人的自我完善和人的灵魂提升上具有不可替代的作用。这是因为，智慧的习得关系到人的现实世界的幸福和圆满，只有具有智慧的灵魂才是幸福的，即“一个人若是获得智慧和确定的真实信念，哪怕是在他老年时期获得的，也可以说他是非常幸运的，而且在各种情况下，拥有智慧和真实信念的人同时也能得到与智慧和真实信念相伴的幸福，使人生状态圆满。”

柏拉图还认为任何人之间的差别并不取决于高贵的出身、美丽的外貌和庞大的权势，最为根本的区别是人与人之间灵魂的区别。也就是说，只有拥有不断的追求智慧，且拥有智慧的灵魂是高尚的。也只有这样的灵魂才能处于永恒的地位，才能赢得人们的尊敬和崇拜。另外，柏拉图还认为，人生来就有两种欲望：即一种为身体谋求食物的欲望，另一种是为我们的这个神圣部分（指头部）谋求智慧的欲望。而且，强者的运动会越来越占据优势，力量会越来越强，而这种状况就会使灵魂变得越来越迟钝、糊涂、健忘，由此产生最严重的疾病——无知。可见，在柏拉图看来，身体是我们获得智慧的一个障碍，要想获得智慧就必须排除包括身体在内的一切的障碍，去追求纯粹的快乐和幸福。

另外，柏拉图的智慧学说受其理念说和灵魂轮回说的影响极深，因而带有浓厚的形而上学和宗教色彩，这是我们需要注意的。

第三节

亚里士多德

【作者简介】

亚里士多德（Aristoteles，公元前384—前322年），出生于希腊北部马其顿的斯塔吉拉城，是古希腊最伟大的哲学家、科学家和教育家之一,与苏格拉底、柏拉图一起被誉为西方哲学的奠基者。亚里士多德是古希腊哲学的集大成者，他不但开创了西方哲学的广泛传统，包括物理学、形而上学、诗歌（包括戏剧）、生物学、动物学、逻辑学、政治、政府以及伦理学等多个学科，而且将希腊哲学爱智慧、尚思辨、追求知识、探索真理的精神充实化、具体化，最终发扬光大、晓谕世界。公元前335—前334年，亚里士多德在雅典办了一所叫吕克昂的学校，被称为逍遥学派（或译漫步学派），为后世学校设置、人才培养做出了榜样。马克思曾称亚里士多德是古希腊哲学家中最博学的人物，恩格斯称他是古代的黑格尔。

亚里士多德认为求知是所有人的本性，他注重客观经验在人类知识形成过程中的基础作用，从而具有一定的唯物主义因素。他还认为摹仿在人类的实践活动中占有极为重要的位置，我们或摹仿优于我们的人，或摹仿劣于我们的人，而艺术作品恰恰是摹仿的重要对象，从而好的艺术作品能够起到净化心灵、培养德性的重要作用。

【选文呈现】

《论诗》（节选）

摹仿者摹仿处于活动中的人，而这些人必然是高尚的或者卑劣的（因为唯独这种人才具有品性，正是通过邪恶与德性，一切人的品性才有差别）。也就是说，被摹仿的人物或优于我们，或劣于我们，或同我们一样。画家正是这样，波吕哥努透斯所画的人物优于我们，保松所画的人物则劣于我们，而第奥尼修斯所画的人物正同我们一样。显然，上面谈过的每一种摹仿艺术都具有这些差异，由于摹仿对象的不同，这些艺术在类型上也不尽相同。甚至在舞蹈、笛子演奏术和竖琴演奏术里面，也能发现这些差异；同样，这些差异也存在于散文和无音乐伴奏的韵文之中。例如，荷马笔下的人物优于我们，克勒丰笔下的人物则与我们相同，而第一位摹仿滑稽诗诗人塔索斯的海格蒙和《德利亚斯》的作者尼哥卡莱斯笔下的人物却劣于我们。对于酒神颂和努莫斯同样如此，正如〔 〕[此处只有一个不完整的词“gas”——译者注]那样，提摩透斯和菲罗克塞努斯摹仿了独目巨人。正是根据这一点，悲剧和喜剧区别开来。前者所摹仿的人物比我们今天的人好一些，后者所摹仿的人物比我们今天的人差一些。

上面提到的这些艺术形式之间的第三种差异就是对每一种对象进行摹仿的方式不同。假如用同一种手段摹仿同一种对象，既可以像荷马那样，一方面采用叙述的方式，另一方面安排某个人物代替自己说话；或者采用一种叙述方式，始终不作变更；或者让摹仿者用自己的全部活动和行为来摹仿对象。

正如我们在开始时所说的那样，摹仿艺术的差别体现在三个方面：即手段、对象和方式。因此，一方面索福克勒斯和荷马属于同一类摹仿艺术家，因为两人都摹仿了高尚的人；另一方面他又与阿里斯托芬相似，因为他们都摹仿了处于活动和行为中的人。根据某些人的说法，这些作品之所以被称为“戏剧”，就是因为它们摹仿了处于行动中的人。正是出于这个原因，多里斯人争辩，他们首创了悲剧和喜剧的名称(而生活于希腊的麦加拉人自称是喜剧的发明者，声称喜剧发轫于民主政体兴起的年月；西西里的麦加拉人则认为他们是喜剧的创始者，因为诗人埃庇卡缪斯出生在他们那里，并且他的鼎盛年要远远早于卡奥尼德斯和玛哥奈斯。某些伯罗奔尼撒的多里斯人也自称是悲剧的创始者)。他们的证据乃是两个名词：他们说，他们把乡村称作kome，而雅典人则称之为demos，所谓komoidos（喜城演员）一词并非源于komazein (狂欢)，而是由于他们不受欢迎，被驱逐出城，在乡村（komai）之间往返巡游。他们又把“行动”一词叫作dran，而雅典人把这个词叫作prattein。

我们已经把摹仿艺术在数目和性质方面的差异详尽地论述完毕。

（[古希腊]亚里士多德:《亚里士多德全集》(第九卷)，苗力田主编，崔延强译，中国人民大学出版社2009年版，第643—649页）

【选文助读】

亚里士多德是古希腊哲学的集大成者，他的思想深刻地影响着西方乃至整个世界哲学思想的发展。同苏格拉底和柏拉图一样，亚里士多德也注重对智慧的探索和追寻，并且认为，追寻智慧和知识是人的本性使然，是人与生俱来的一种能力和愿望。而且，人和动物的区别，就在于人能够凭借着对知识探索的本心，通过对感觉经验的处理，借用记忆等认识能力辨识事物、形成知识。也就是说，“只有具有最高层次的普遍知识的人，才必然通晓一切。”与前辈们不同的是，亚里士多德充分地认识到了感觉和记忆在人的认识过程和知识获得中所具有的作用。换言之，亚里士多德改变了柏拉图由理念世界到现象世界的路径，认为知识是通过人的感觉和记忆对经验世界的综合和把握，从而具有了唯物主义的色彩。也为我们知识的习得提供了理论上的支撑和说明。通过对感觉经验的把握，我们以某种方式知道了事物背后的全部依据，即那种最普遍的东西、也是最难知的东西。当然，这种普遍性也就离感觉有一定的距离，是感觉的综合和提升。

另外，亚里士多德也认为摹仿是人的本性，并注意到了文学作品对人的实践活动具有重要的影响。有些作家摹仿优于我们的人，而另外的作家则摹仿劣于我们的人，这些形象为人类提供正反面教材。阅读潜移默化地改变着我们的思想观念和行为方式，好的作品起着净化心灵，导人向善的作用。这是值得我们注意的，对我们完善人格的形成具有巨大的启示意义。

第四节
西塞罗

【作者简介】

马库斯·图留斯·西塞罗（Marcus Tullius Cicero，公元前106—公元前43年），罗马最杰出的演说家、教育家，古典共和思想最优秀的代表，罗马文学黄金时代的天才作家。

西塞罗思想活跃，著作丰富。在政治、法律思想方面代表作有《论国家》和《论法律》。他认为国家是人民的事务，是人民在正义的原则和求得共同福利的合作下所结成的集体；君主、贵族和民主三种政体都是单一政体，理想的政体应是“混合政体”，即以当时罗马元老院为首的奴隶主贵族共和国。在哲学方面代表作有《论至善和至恶》《论神性》等。他主张综合各派的学说，从而被认为是古代折中主义最典型的代表；另外，西塞罗还是第一个将古希腊哲学术语译成拉丁文的人，对后来哲学的发展和现代哲学术语的形成都有极大影响。在教育方面代表作有《论演说家》等。他认为教育的最终目的是培养有文化修养的雄辩家，而一个优秀的雄辩家，既要有丰富的知识，更要不断地实地练习。

【选文呈现】

第一卷 三十四

至于我，我在平日的实习中，从很年轻的时期起，通常尤为采用的据我所知是我的那位对手盖尤斯·卡尔博惯于采用的那种练习方法，即挑选出一段诗，要尽可能庄重感人的，或者挑选出一段演说辞，读到我能够记住的地方为止，然后，用另一些词语，要尽可能出色的词语，复述刚才读过的段落。但是我后来发现，这种方法存在这样的缺陷，那些最贴切、最优美、最出色的词语或者已经为恩尼乌斯所采用，如果我利用他的诗歌进行练习，或者为格拉古所采用；就这样，如果我采用同一些词语，就没有什么益处，但如果我采用另一些词语，那甚至有害，因为我会习惯于使用一些不很合适的词语。在这之后，我喜欢上了另一种练习方法，并且采用它，当时我又长大了一些：叙述最著名的演说家的希腊文演说辞。我从阅读这些作品中获得这样的好处：当我把用希腊文阅读的作品改用拉丁文转述时，我不仅应该从常用的词语中采用最好的，而且要通过对原作的模仿，创造出一些对于我们来说是新的词语，只要那些词语是合适的。至于说到对声音，对呼吸，对身体动作，对舌头本身的活动和练习，它们需要的主要不是技艺规则，而是实际辛劳。在这些方面需要非常审慎地选择，我们需要模仿哪些人，我们希望哪些人作为我们的典范。我们不仅应该观察演说家，而且应该观察演员，以便使我们不至于由于不好的习惯而陷入某种恶劣和鄙陋。还应该通过逐字逐句地熟背尽可能多的作品，不仅是我们作家的作品，还有其他作家的作品，用来练习记忆。在这种练习中，我甚至也不反对采用对地点和形象进行联想，如果有人习惯那样做，这种方法见之于教科书。然后，应该让演说从这种室内悠闲的练习进入人群，进入尘埃，进入喧嚷，进入军营，进入尖锐的诉讼斗争，让所有的人的目光都注视过来，让自己的天资能力经受考验，让这种封闭性的训练进入真实生活的阳光。还应该阅读诗歌，熟悉历史，而对所有高尚技艺的教科书和其他著作不仅要阅读，而且还要反复阅读，练习着进行称赞、解释、修正、抨击、否定。此外还要对所有问题从相反的角度进行讨论，从每件事情中抽出任何能够令人觉得可能的东西进行演绎。还应该研究市民法，熟悉法律，熟悉古代生活的各个方面，元老院的传统规则、国家的制度、同盟者的条约、协定，熟悉国家情势。最后，还应该从各种机敏诙谐中汲取风雅，把它有如盐粒那样，撒进所有的演说辞里。我已经向你们谈了我的全部想法。不管你们揪住哪帮人的长者，向他询问这些问题，他大概也会对你们作类似的回答。

（[古希腊]西塞罗:《论演说家》，王焕生译，
中国政法大学出版社2003年版，第101—105页）

【选文助读】

西塞罗充分肯定了书籍在人的智慧的形成过程中的作用，认为“书籍是少年的食物，它使老年人快乐，也是繁荣的装饰和危难的避难所，慰人心灵。在家庭成为快乐的种子，在外也不致成为障碍物，但在旅行之际，却是夜间的伴侣。”而无知就如同黑夜，没有书籍的屋子如同没有躯体的灵魂。可见，读书是一件关系到人的能力提升和人格完善的重大事业。

作为一个伟大的演说家，西塞罗尤其强调丰富的知识储备和深入的思考在一个合格的演说家身上所具有的重要位置。即是说，要想成为一个伟大的雄辩家，就要“能献身于听讲、阅读和写作，凭着那比我们现在和以前的人们更勤奋的学术研究，更丰富的闲暇阅

读，更杰出而成熟的学习能力，更巨大的坚韧和热忱，成为我们正在寻找的那种演说家，即不仅完全有权被称为善于言辩之人，而且堪称为雄辩之人”。

另外，西塞罗从其对演说技术习得的切身体验中，也为我们提供了一些良好的阅读方法。第一种就是挑选出一段诗，要尽可能庄重感人的，或者挑选出一段演说辞，读到我能够记住的地方为止，然后，用另一些词语，要尽可能出色的词语，复述刚才读过的段落；另一种是叙述最著名的演说家的希腊文演说辞。这样阅读的好处就是，“当我把用希腊文阅读的作品改用拉丁文转述时，我不仅应该从常用的词语中采用最好的，而且要通过对原作的模仿，创造出一些对于我们来说是新的词语，只要那些词语是合适的。”

第五节
贺拉斯

【作者简介】

贺拉斯（Quintus Horatius Flaccus，公元前65—公元前8年），古罗马诗人、批评家。生于意大利，求学于雅典。贺拉斯极为推崇希腊文化，并以希腊抒情诗为典范，对之做了格律改造，使之适应于拉丁语写作。其抒情诗中多体现了对美的、永恒的、纯真的事物的歌颂以及对意大利美丽和富饶的诠释。

《诗艺》作为其写给皮索父子的诗体长信，集中代表了贺拉斯的美学思想和文学观念。贺拉斯从文学创作的角度出发，认为文学作品需要坚持“合式”原则，即形象和形式要具有整一性。艺术美的基础是“不论作什么，至少要做到统一、一致”。而艺术的光辉思想在于其教育作用。它必须赞助善良，给以友好的劝告；纠正暴怒，爱护不敢犯罪的人。既指示人生道路，也能给人带来快乐。这就是著名的“寓教于乐”。

【选文呈现】

诗人的愿望应该是给人益处和乐趣，他写的东西应该给人以快感，同时对生活有帮助。在你教育人的时候，话要说得简短，使听的人容易接受，容易牢固地记在心里。一个人的心里记得太多，多余的东西必然溢出。虚构的目的在于引人欢喜，因此必须切近真实；戏剧不可随意虚构，观众才能相信。你不能从刚吃过早餐的拉米亚的肚子里取出个活生生的婴儿来。如果是一出毫无益处的戏剧，长老的“百人连”就会把它驱下舞台；如果这出戏毫无趣味，高傲的青年骑士便会掉头不顾。寓教于乐，既劝谕读者，又使他喜爱，才能符合众望，这样的作品才能使索修斯兄弟赚钱，才能使作者扬名海外，流芳千古。

不过，错误总会有的，我们愿意原谅。琴弦上不可能永远弹出得心应手的声调，想要弹个低音，发出来的却时常是个高音。射箭也是如此，不能永远射中瞄准的鹄。是的，一首诗的光辉的优点如果很多，纵然有少数缺点，我也不加苛责，这是不小心的结果，人天生就是考虑不周全的。如此说来，怎样才算过失呢？就像抄书手，尽管多次警告，还犯同样的错误，那就不可原谅了；又如竖琴师老在那一根弦上弹错，也必然引起讪笑。同样，我认为一个诗人如果总犯错误，那他就是科利勒斯。第二，偶尔写出的三两句好诗反倒会使人惊讶大笑。当然，大诗人荷马打瞌睡的时候，我也不能忍受；不过，作品长了，瞌睡来袭，也是情有可原的。

诗歌就像图画：有的要近看才能看出它的美，有的要远看；有的放在暗处看最好，有的应放在明处看，不怕鉴赏家锐敏的挑剔；有的只能看一遍，有的百看不厌。

（[古罗马]贺拉斯：《诗艺》，载中国科学研究院文学研究所外国古典文艺理论丛书编辑委员会编：《外国古典文艺理论丛书：诗学·诗艺》，罗念生、杨周翰译，人民文学出版社1962年版，第155—156页）

【选文助读】

贺拉斯认为“书籍犹如朋友，必须慎重选择”。也就是说，书籍固然是人类历史的沉淀、智慧的结晶和文明的确证。但是，书籍也是有好有坏的，需要我们带着思考和耐心做细心的甄别。真如贺拉斯所比喻的有的书，“书中的形象就如病人的梦魇，是胡乱构成的，头和脚可以属于不同的族类。”阅读书籍，就像欣赏一首诗歌一样。而诗歌就像图画，“有的要近看才能看出它的美，有的要远看；有的放在暗处看最好，有的应放在明处看，不怕鉴赏家锐敏的挑剔。”

贺拉斯最大的贡献就是提出了书籍的“寓教于乐”的重要作用，即，要求好的书籍既劝谕读者，又使他喜爱，才能符合众望。书籍不仅仅是智慧的宝库，阅读也不仅仅是知识的习得，阅读的过程更像是一次快乐的旅行和一次精神的洗礼。也就是说，理想的阅读应该是既获得了知识，又体验到了快乐，更提升了灵魂。

那么，如何处理天才和努力的关系呢？贺拉斯告诫我们，“苦学而没有丰富的天才，有天才而没有训练，都归无用；两者应该相互为用，相互结合。”这是值得我们牢记的。最后，贺拉斯还认为，学得晚，总比不学的好，同“朝闻道，夕死可矣！”的圣训有着异曲同工之妙。

第六节
马可·奥勒留

【作者简介】

马可·奥勒留（全名马可·奥勒留·安东尼·奥古斯都Marcus Aurelius Antoninus Augustus，公元121—180年），原名马可·阿尼厄斯·维勒斯。古罗马思想家、哲学家、政治家。其于公元161年至180年担任罗马帝国皇帝，代表作品为《沉思录》。马可·奥勒留早年失怙，由其母与祖父抚养长大。幼年打下了良好的希腊文学、拉丁文基础，并在文学、修辞、哲学、法律甚至绘画方面得到了在当时来说是最好的教育。他熟悉和信奉斯多亚派的哲学，并在其生活中积极身体力行。

《沉思录》是作者对身羁宫廷的自己和所处的混沌世界的切身感受以及自身安宁祥和的心灵冲突的结晶。字里行间贯穿了斯多亚派哲学顺应本性与自然，追求和谐与秩序的观念，从而反映了作者思想的严肃、庄重、纯正和主题的崇高。自身修养是《沉思录》中很重要的一个主题，关于读书求知也多有精彩论述。正如费迪曼（Clifton Fadiman，1904—1999年）所言，《沉思录》甜美、忧郁、高贵，有一种不可思议的魅力。

《沉思录》

卷四

一个是没有一件紧身外衣的哲学家，另一个是没有一本书的人，这后一种人也是一个半裸的人。他说，我没有面包，我与理性同在。我不从我的学识中获取衣食，我与我的理性同在。

你已不久于人世，但还没有使自己朴素单纯，摆脱烦恼，还没有摆脱对被外在事物损害的怀疑，还没有养成和善地对待所有人的性情，还没有做到使你的智慧仅用于正直的行动。

卷五

如果你根据正确的原则没有做成一切事时，不要厌恶，不要沮丧，也不要不满；而是在你失败时又再回去从头做起，只要你所做的较大部分事情符合于人的本性，就满足了，热爱你所回到的家园，但不要回到哲学，仿佛她是一个主人，而是行动得仿佛那些眼疼的人用一点海绵和蛋清，或者像另一个人用一块膏药，或用水浸洗一样。因为这样你将不在遵守理性方面失败，你将在它那里得到安宁。记住，哲学仅要求你的本性所要求的事情，而你却有那不符合本性的别的什么东西。——你可能反对说，为什么那件事比你正做的这件事更使人愉悦呢？——但这不正是因为快乐在欺骗我们吗？再考虑是否慷慨、自由、朴素、镇静、虔诚不更令人愉悦。当你想到那依赖于理解和认识能力的一切事物的有保障和幸福的过程，有什么比智慧本身更令人愉悦呢？

没有什么一个人天性不可忍受的事情对那个人发生。同样的事情发生于另一个人，或是因为他没看到它们的发生，或是因为他表现一种伟大的精神而使他保持坚定和不受伤害。那么无知和欺瞒竟然压倒智慧就是一种羞愧。

如果你能走正确的道路，正确地思考和行动，你就能在一种幸福的平静流动中度过一生。这两件事对于神的灵魂和人的灵魂，对于理性存在的灵魂都是共同的，不要受别的事情打扰。好好地坚持正义的气质并实行正义，这样你就能消除你的欲望。

（[古罗马]马可·奥勒留：《沉思录》，何怀宏译，
生活·读书·新知三联书店2002年版）

【选文助读】

奥勒留给我们的启示是深刻的，正如他所言“一个是没有一件紧身外衣的哲学家，另一个是没有一本书的人，这后一种人也是一个半裸的人。他说，我没有面包，我与理性同在。我不从我的学识中获取衣食，我与我的理性同在。”可见，即使是身为罗马皇帝的

奥勒留，仍然充分肯定书籍和阅读在我们日常生活中的重要地位和作用。并且语重心长地告诫我们，我们的年龄会不断地增长，我们的记忆力也会随着不断地衰退。生命每日每时都在耗费，剩下的部分越来越少。即使如果一个人竟然活得久些，也没有多大把握说理解力还能继续足以使他领悟事物，还能保持那种努力获得有关神和人的知识和思考能力。那么，我们更应该抓紧有限的时间从事思考和阅读。

但是另一个方面，我们也要重视经验在知识形成过程中的基础作用和地位。书籍固然是知识的凝结和智慧的积淀，然而生活确实是鲜活的、多姿的、易变的，只有将书本知识同现实实践结合起来，方是读书正途。如果一个人钻到了读书的死胡同里面，而抛弃多彩、丰富的现实生活，丢掉了本心，那么就是一种极大的误解和遗憾。

最后，通过奥勒留所属的斯多亚学派的哲学观念及其所体现的行为方式，告诫我们，读书的目的不仅仅是知识的积累和技能的习得，最为重要的是良好德行的培养与对真理的探索和善行的实践。

第二章 中世纪文艺复兴时期

中世纪是欧洲历史上最为黑暗的时期。这一时期，宗教神学和经院哲学严重地束缚了人们的思想，阻碍了时代进步，也给欧洲的历史发展造成了巨大的损失。以但丁、彼特拉克和薄伽丘等人为开始的文艺复兴运动，通过对古希腊罗马传统文化的复兴，借用对经典文化的弘扬以及传统资源的开掘，解放了人们的思想，促进了时代的觉醒，推动了历史的进步。

书籍和阅读既是文艺复兴的起点，又是文艺复兴的重要桥梁。这一时期的文化名人们都注重阅读。他们不但自己重视阅读的作用和力量，将阅读的功力直接体现在自己的著作和发明上面，而且还不断地劝解别人阅读，以期通过阅读形成他们心目中的巨人。选文选取了但丁、彼特拉克、薄伽丘、拉伯雷、蒙田、培根、笛卡尔等这一时期的文化巨人，介绍了他们关于阅读的观点和看法以及他们在阅读方面的独特的方法。这些对我们良好阅读习惯的养成和浓厚阅读兴趣的形成，具有借鉴作用。

第一节
但丁

【作者简介】

但丁·阿利基耶里（Dante Alighieri，公元1265年—公元1321年），他被认为是意大利最伟大的诗人，也是西方最杰出的诗人之一。他的创作标志着从封建主义向资本主义的过渡。恩格斯评价但丁的历史地位时说道："封建的中世纪的终结和现代资本主义纪元的开端，是以一位大人物为标志的，这位人物就是意大利人但丁，他是中世纪的最后一位诗人，同时又是新时代的最初一位诗人。"《神曲》写于诗人放逐期间，采用了中世纪流行的梦幻文学的形式，描写了一个幻游《地狱》、《炼狱》和《天堂》三界的故事。

【选文呈现】

兄弟们，你们历经千万的危险，现在到西方了；你们最后留着的一些精力，现在还可以一用，你们应当追随太阳，再寻绝无人迹之地！想想你们是何等的种族：不应当像走兽一般地活着，应当追求正道，求知识。

（[意大利]但丁:《神曲》，王维克译，
人民文学出版社1997年版，第113页）

这座山的性质是如此：起初，在下部是艰难的；愈上升，愈没有痛苦；最后，就和坐着小船一样，使你觉得愉快，那时你便到这条路的终点了。直到那里，你的疲劳可以得着休息。

（[意大利]但丁:《神曲》，王维克译，
人民文学出版社1997年版，第173页）

【选文助读】

但丁也承认知识和智慧在人的形成中的重要作用和地位，即，人和动物的最为重要的区别就是人是一种不断地追求正道和智慧的种族，而动物则是只会寻求温饱和种族繁衍，不会思考和自己生存本身无关的事情。但丁充分认识到时间对每个人的重要价值，他说到“最聪明的人是最不愿浪费时间的人”，“一个人愈知道时间的价值，便愈会感觉失去时间的痛苦！”这是因为，一方面时间是短暂的，如以时间刻度来衡量，个人生命不过短短几十年，倏忽即逝，毫无痕迹；另一方面，时间对我们每个人又是十分的公平的，无论是皇帝还是乞丐、富人还是穷人，大家每一天的时间长度都是一样的。所以，时间的价值更在于其深度而不是长度，这就要求我们应该珍惜每时每刻，将生活过得有深度、有意义。另外，但丁也指出了求知的道路并不是一帆风顺的。追求智慧，就像是翻越一座大山，“起初，在下部是艰难的；愈上升，愈没有痛苦；最后，就和坐着小船一样，使你觉得愉快，那时你便到这条路的终点了。直到那里，你的疲劳可以得着休息。”这正如谚语所说：“书山有路勤为径，学海无涯苦作舟。”无论是读书还是做事情，贵在坚持。万事开头难，只要理清思路，积极思考，努力攀登，自然会水到渠成，信手拈来。

第二节
彼特拉克

【作者简介】

弗兰齐斯科·彼特拉克（意大利语：Francesco Petrarca，公元1304—1374年），意大利学者、诗人，文艺复兴第一个人文主义者，被誉为“文艺复兴之父”。《歌集》是彼特拉克用意大利语写作的抒情诗集，主要是对劳拉的爱情的歌咏，兼有一些歌颂祖国、呼吁统一的政治抒情成分。《歌集》以十四行诗为主，赞美了劳拉的形体美、精神美，体现了以现世幸福为中心的爱情观，表现了人文主义精神。

【选文呈现】

第73首（节选）

我的命运让我从事诗歌的写作，
诗歌使我强烈的欲望更加激越，
这欲望让我在不停的叹息中生活；
爱神激发了我的欲望，它是我的向导，
前进的道路在指引着我，呼唤着我；
不用担心我会过分的欢乐，
我害怕的只是品味我的感觉；
诗歌使我的心燃烧而又亢奋，
但当我努力用我的才华写诗时，
我内心的感情却又在渐渐地减弱。
这种情况时常发生，为此，

我害怕得心在发抖，身在哆嗦。
在我听到我的诗变成声音的时候，
我感到我在自我毁灭，就像冰雪
在阳光下融化成水，变成小河。
当我用诗赞美那双美丽的眼睛时，
我以为我会得到片刻的安宁与快乐，
亦或是灼热的欲望得到稍稍歇脚；
这是期盼，而这种期盼又给了我
用诗表达我内心感受的勇气，然而
我却被它遗弃，它自己也就此毁灭。
也许我应该继续从事崇高的事业，
继续写我的爱情诗歌，而且这种
强烈的欲望也在激励着我；
扼制我欲望的理性已经死亡，
世上再也没有力能够阻止我。
爱神教会我用诗的语言说话，
如果我的声音能够到达
我那可爱冤家的耳朵里，
她即使不爱我，也会同情我。
……
诗啊，在我写了这么多柔情的诗歌

我感到我的笔已疲惫，但是思绪
跟我的交流和对话还远远没有结果。

（[意大利]彼特拉克:《歌集》,李国庆、王行人译,
花城出版社2001年版,第110—113页）

【选文助读】

彼特拉克对知识和书籍极为重视，他说道，金银财宝、珍珠玛瑙、绫罗绸缎、大理石住宅、珍贵名画以及其他奢侈品，只能使我们得到一时的满足，而书籍却能带给我们真正的快乐：它能像人一样，与我们窃窃私语，它是我们最好的顾问和最贴心的朋友。这是为什么呢？诗歌是作者内心情感的宣泄，是作者现实经验的凝结，更是作者智慧的体现。它能使人的情感变得更加强烈，也能使人内心的痛苦得到释放。总之，书籍既是人的良师益友，亦是人的人生伴侣。通过书籍，我们获得的是一种情感和灵魂的交流和体验。那么，我们该如何对待书籍呢？正如彼特拉克所提到的，也许“科学与文学贫穷而又软弱”，更也许我们“遭到了整天忙于蝇头小利者的冷嘲热讽”，但是，要明白“获取荣誉靠的是美德，而使之流芳百世，靠的是书籍。”书籍的阅读，始终是人们生活不可或缺的一项使命和一种生活方式。但是，也要认识到，唯有真正的好书，才值得一读，才值得去细心体会；如果不加挑选地用许多书来填充头脑——这就意味着将丧

失固有的想象能力，甚至会彻底的毁掉自己。

第三节
薄伽丘

【作者简介】

乔万尼·薄伽丘（Giovanni Boccaccio，公元1313—1375年），意大利文艺复兴运动的杰出代表，也是第一个通晓希腊文的人文主义杰出作家。与诗人但丁、彼特拉克并称为佛罗伦萨文学“三杰”。《十日谈》文笔精炼、语言丰富，是欧洲文学史上第一部现实主义作品。通过十个青年男女十天所讲的一百个故事，反映了意大利的社会现实。故事多以爱情为主题，揭露了封建贵族的腐朽和天主教僧侣的虚伪，赞美商人、手工业者等劳动者的聪明才智和勤劳勇敢。《十日谈》批判宗教守旧思想，主张“幸福在人间”，反对禁欲主义，被视为文艺复兴的宣言。

【选文呈现】

为了弥补命运的过错，也为了帮助多情种子（别的女子有针线、纺锤、捻纱杆解闷），我在这里叙述了一百个故事，或者说一百篇寓言，一百件轶闻，一百段野史，随便怎么称呼都行。那是由七女三男共十个正派的青年在最近这个瘟疫流行、哀鸿遍野的时期分十天讲完的。中间还插进一些女郎们唱的消遣的歌曲。这些故事里既有悲欢离合的爱情纠葛，也有古往今来的离奇曲折事件。淑女们看了可以消愁解闷，聊以自娱，同时得到有益的忠告，知道什么应该避免，什么可以模仿。如果天从人愿，达到预期的效果，我们不妨感谢爱神，因为是爱神让我摆脱了羁绊，我才有可能为她们提供欢娱。

（[意大利]薄伽丘：《原序》，载薄伽丘《十日谈》，王永年译，北京大学出版社1994年版，第4页）

亲爱的伙伴们，你们都知道，愚蠢不会带来幸福，只会使人陷入极大的困境；而真知灼见能使人摆脱种种危险，给他带来平安和宁静。愚蠢使许多愉快幸福的人落到悲惨的地步，这方面的例子千千万万，举不胜举，没有必要多谈。

（[意大利]薄伽丘：《十日谈》，王永年译，北京大学出版社1994年版，第33页）

【选文助读】

薄伽丘同样告诫我们，“愚蠢不会带来幸福，只会使人陷入极大的困境”，也就是说，只有具有智慧的真知灼见才能使人摆脱种种危险，给我们带来平安和宁静。反之，愚蠢使许多愉快幸福的人落到悲惨的地步。生活中，这方面的例子千千万万，举不胜举的。《十日谈》中的很多故事就是这方面极好的佐证和告诫。在这个前提下，薄伽丘谈到了他创作《十日谈》的初衷和目的。即：“淑女们看了可以消愁解闷，聊以自娱，同时得到有益的忠告，知道什么应该避免，什么可以模仿。”这里我们看到了古希腊贺拉斯的“寓教于乐”的影子。一方面，阅读使我们消愁解闷、聊以自娱，起到娱乐和消遣的作用；另一方面，阅读也是获得知识、明白道理、规范行为、指导处世的有益忠告。所以，对我们来说，理想的阅读就是这两个方面的完美结合。

第四节
拉伯雷

【作者简介】

弗朗索瓦·拉伯雷（Francois Rabelais，公元1495年左右—1553年），知识渊博，博学多才，是欧洲重要的人文主义作家之一。《巨人传》是拉伯雷的代表作，共分为五部。小说中的巨人父子都受过良好的教育和锻炼，具有广博的知识和聪明的大脑，对祖国和人民有着深沉的爱和责任，他们保卫祖国完整和安全，处处以人民利益为先。小说中同样刻画了新兴市民狡黠贪婪、借钱不还等恶劣的一面，但是却对其聪明才智进行了肯定和同情。既反映了时代的变迁，也体现了新兴阶级的价值观。

【选文呈现】

第一部

庞大固埃的父亲巨人卡冈都亚的大骇人听闻的传记致读者

亲爱的读者，为读这本书，

你必须抛弃一切成见，

读时，心里切莫先就着恼，

书内并无邪恶，或者毒素。

不错，你也许不易找到，

十分完善的东西，除却笑料，

眼看你们这般忧伤憔悴，

我心里选不出别的材料，

与其写泪，还是写笑的好，

因为笑原是人类的特性。

作者前言（节选）

……

但是，诸位不免要问，我这一段开场白，用意在哪里？怕的是，吾道中入门弟子，如列位高贤，和其他有闲的呆汉，读了我杜撰的这些令人捧腹的标题，如《卡冈都亚》《庞大固埃》《酒中豪杰》《裤裆尊品》等，会据此推想，书里说的无非是笑谈、疯话、愉快的诺言，因为外面挂着的院子（就是指那些标题），如不深入了解，通常是会被人当作玩笑和开心话看待的。但是，如此衡量世人的著作，难免失之轻浮。列位先生自己不就话说：穿上袈裟，不能就算是和尚，有人身披僧衣，肚子里却没有半点僧侣才学；头上效着西班牙武士风兜，论胆量，却全不见西班牙气息。为此你必须打开书本，仔细赏玩书里发挥的议论。那时你将看出，匣子里藏着的药品大有价值，只看匣子决然猜不出来，换句话说，本书内容所论，并不像封面标题所示，一味胡说八道。

退一步说，即使有时，你发现一些字句，从表面上看，和标题相应，显得颇为发噱，你也只当如听了鲛人的歌声似的，只此为止，而必须在乍一听来，仿佛寻开心的话里，进一步探索其更高深的意义。

（［法］拉伯雷：《巨人传》，鲍文蔚译，
人民文学出版社1983年版，第5—6页）

【选文助读】

通过对其代表作《巨人传》的阅读和分析，我们知道，拉伯雷的理想是培养具有渊博知识、博学多才且具有担当的理想人格，也就是书中提到的巨人。那么知识和智慧的教育就在巨人的形成中具有十分重要的位置和意义。如何阅读书籍，拉伯雷以狗为喻，为我们提出了一种良好的阅读和学习方式。他指出：狗“是世界上最有哲学头脑的畜生。你如观察过它，定会看出，它见了这块骨头，如何恭敬地窥伺着它，如何小心地看守着它，如何诚挚地紧衔住它，如何谨慎地啮啃它，如何殷勤地咬碎它，如何贪馋地吸吮它。你说这是为了什么？它这样反复玩弄，抱什么目的？想得什么好处？除一点儿骨髓之外，还有什么？可是只这一点儿却比大量的别的东西还要鲜美，还要有味，因为那骨髓是精炼到至美无上的滋养品。”知识何尝不正如骨髓中的那点营养品一样呢？知识的获得并不是轻而易举的事情，表面的泛泛而读只能获得最为浅表的东西，而理解不了知识的深刻含义，更难以通过知识的习得而获得智慧。只有像狗一样的盯准目标，反复咀嚼，反复品味，才能淘尽黄沙，获得珍宝。拉伯雷还告诫读者如何正确、有效地阅读这本著作。即，“你应当心里开窍，迫奔时要轻快，迎击时要勇猛，把我这脂厚味深的好书加以仔细的吸嚼、赏玩、钻研，然后，通过反复的诵读，再三的思索，咬开它的骨头吸吮里面富于营养的精髓——就是指我用在本书里那毕达哥拉斯式的寓意文字的涵义——方能收到益智增胆的功效。”相信，拉伯雷的方法，对我们定会有所助益。

第五节
蒙田

【作者简介】

蒙田（Michel Eyquem de Montaigne，公元1533年—1592年），是法国文艺复兴时期最重要的人文主义作家之一。蒙田知识渊博、思维敏捷。他的思想具有很强的思辨性和怀疑论色彩，并且对古希腊罗马的哲学家如普鲁塔克、塞涅卡等都有很深的研究，经常用在其著作中来佐证思想观点。蒙田以其敏锐的观察、细腻的感受，以随笔的形式记录了自己在智力发展和精神形成过程中的历程。他的作品文风简洁流畅，朗朗上口，既是十六世纪各种知识的分析汇总，又有“生活的哲学”的美称，也是人类精神史上同类题材中绝无仅有的一笔宝贵的精神财富。

【选文呈现】

第十章 论书籍（节选）

我当然愿意对事物有一番全面的了解，但是我付不起这样昂贵的代价。我的目的是悠闲地而不是辛劳地度过余生。没有一样东西我愿意为它呕心沥血，即使做学问也不愿意，不论做学问是一桩多么光荣的事。我在书籍中寻找的也是一个岁月优游的乐趣。若搞研究，寻找的也只是如何认识自己，如何享受人生，如何从容离世的学问：这是我这匹淌汗的马应该朝之奔跑的目标。

——普鲁佩斯

阅读时遇到什么困难，我也不为它们绞尽脑汁；经过一次或两次的思考，得不到解答也就不了了之。

如果我不罢休，我会浪费精力和时间，因为我是个冲动型的人物，一思不得其解，再思反而更加糊涂。我不是高高兴兴地就做不成事情，苦心孤诣、孜孜以求反而使我的判断不清半途而废。我的视觉模糊了，迷茫了。我必须收回视线再度对准焦点，犹如观察红布的颜色，目光必须先放在红布上面，上下左在转动，眼睛眨上好几次才能看准。

如果这本书看烦了，我丢下换上另一本，只是在无所事事而开始感到无聊的时候再来阅读,我很少阅读现代人的作品，因为我觉得古代人的作品更丰富更严峻；我也不阅读希腊人的作品，因为我对希腊文一知半解，理解不深，无从运用我的判断力。

在那些纯属是消闲的书籍中，我觉得现代人薄伽丘的《十日谈》、拉伯雷的作品，以及让·塞贡的《吻》（若可把他们归在这类的话），可以令人玩味不已。至于《高卢的阿马迪斯》和此类著作，我就是在童年也引不起兴趣。我还要不揣冒昧地说，我这颗老朽沉重的心，不但不会为亚里士多德也不会为善良的奥维德颤抖，奥维德的流畅笔法和诡谲故事从前使我入迷，如今很难叫我留恋。

我对一切事物，包括超过我的理解和不属于我涉猎范围的事物自由地表达我的意思。当我有所表示,并不是指事物本身如何，而是指本人见解如何，当我对柏拉图的《阿克西奥切斯》一书感到讨厌，认为对这样一位作家来说是一部苍白无力的作品，我也不认为我的见解必然正确，从前的人对这部作品推崇备至,我也不会蠢得去冒犯古代圣贤的评论，不如随声附和才会心安理得。我只得责怪自己的看法,否定自己的看法，只是停留在表面没法窥其奥秘，或是没有从正确角度去看待。只要不是颠三倒四、语无伦次也就不计其他了；看清了自己的弱点也直认不讳。对观念以及观念表现的现象，想到了就给予恰如其分的阐述，但是这些现象是不明显的和不完整的。伊索的大部分寓言包含几层意义和几种理解。认为寓言包含一种隐喻的人，总是选择最符合寓言的一面来进行解释；但是在大多数情况下，这只是寓言的最肤浅的表面；还有其他更生动、更主要和更内在的部分，他们不知道深入挖掘；而我做的正是这个工作。

（[法]蒙田著：《蒙田随笔全集》（中卷），潘丽珍、王论跃等译，译林出版社1996年版，第81—93页）

【选文助读】

蒙田关于读书的见解是深刻的，且具有普遍的代表性。首先就读书的目的而言，读书是为了获得知识和智慧。即是说，正如亚里士多德所说的："思考是天神的需要，神的至福和我们的至福都来自思考。"读书对我们的用处主要是通过书中的各种事物启迪我们的思想，运用我们的判断，而不是充塞我们的记忆。这样子，我们就要充分发挥自己的思考和判断能力，一方面要仔细甄别书籍的好坏，多读书、读好书，使得真正的伟大的书籍和深刻的智慧成为我们灵魂的滋养；另一方面，我们更要懂得如何思考和判断，要能够将书本的知识和自己的体验相结合，形成自己的富有特色的话语形态和知识结构，避免学究气和掉书袋。

再次就是，读书也是要讲求方法的，良好的方法会使得读书的效果事半功倍。这就要求我们要循序渐进，针对不同年龄和不同的需求，要选择适合自身的阅读内容；要抓住重点，明确读书的目的，有针对性地选取书籍，探寻知识；要有引导，先贤大哲和文化名人都是我们学习的榜样。

最后，也是难能可贵的是，蒙田指出，“读书跟其他的事情一样费力，一样损害健康，而健康是要首先考虑的。”也就是说，读书应该适度，过犹不及，欲速则不达。作者与生活中的其他活动作对比，指出，操持家政、读书、行猎以及从事其他任何活动，都应获取最大限度的乐趣，但应防止过度。“越过限度就会带来痛苦。为了保持活力，防止懒散松懈这另一个极端带来的危害，应该保留必要的事务和活动，仅此而已。”针对读书，他谈到，“有些知识学了无用，难于掌握，大部分是为世人创立的，应把它们留给为尘世效力的人。至于我自己，我只喜欢有趣、轻松、读了高兴的书，或者让我宽心，并为我处理生死问题提供意见的书。”

第六节
培根

【作者简介】

弗朗西斯·培根（Francis Bacon，公元1561—公元1626年），英国思想家、哲学家、科学家和作家。培根是经验主义哲学的先驱，也是英国唯物主义和整个现代科学的鼻祖。培根对中世纪经院哲学进行了批判，认为其阻碍了科学技术的进步，主张全面改造人的知识；主张以感性经验为基础，运用科学思维追求自然界的原因和规律；主张以实验和观察材料为基础，运用经验归纳的方法得出事物背后的结论。培根知识丰富，涉猎广泛，涉及哲学、美学、教育学和逻辑学等多个学科。代表作有《新工具》《论说随笔文集》等。

【选文呈现】

五十 《论学问》

读书为学底用途是娱乐、装饰和增长才识。在娱乐上学问底主要的用处是幽居养静；在装饰上学问底用处是辞令；在长才上学问底用处是对于事务的判断和处理。因为富于经验的人善于实行，也许能够对个别的事情一件一件地加以判断；但是最好的有关大体的议论和对事务的计划与布置，乃是从有学问的人来的。在学问上费时过多是偷懒；把学问过于用作装饰是虚假；完全依学问上的规则而断事是书生底怪癖。学问锻炼天性，而其本身又受经验底锻炼；盖人底天赋有如野生的花草，他们需要学问底修剪；而学问底本身，若不受经验底限制，则其所指示的未免过于笼统。多诈的人渺视学问，愚鲁的人羡慕学问，聪明的人运用学问；因为学问底本身并不教人如何用它们；这种运用之道乃是学问以外，学问以上的一种智能，是由观察体会才能得到的。不要为了辩驳而读书，也不要为了信仰与盲从；也不要为了言谈与议论；要以能权衡轻重、审察事理为目的。

有些书可供一尝，有些书可以吞下，有不多的几部书则应当咀嚼消化；这就是说，有些书只要读读他们底一部分就够了，有些书可以全读，但是不必过于细心地读；还有不多的几部书则应当全读，勤读，而且用心地读。有些书也可以请代表去读，并且由别人替我作出节要来；但是这种办法只适于次要的议论和次要的书籍；否则录要的书就和蒸馏的水一样，都是无味的东西。阅读使人充实，会谈使人敏捷，写作与笔记使人精确。因此，如果一个人写得很少，那末他就必须有很好的记性；如果他很少与人会谈，那末他就必须有很敏捷的机智；并且假如他读书读得很少的话，那末他就必须要有很大的狡黠之才，才可以强不知以为知。史鉴使人明智；诗歌使人巧慧；数学使人精细；博物使人深沉；伦理之学使人庄重；逻辑与修辞使人善辩。“学问变化气质”。不特如此，精神上的缺陷没有一种是不能由相当的学问来补救的：就如同肉体上各种的病患都有适当的运动来治疗似的。打球有益于结石和肾脏；射箭有益于胸肺；缓步有益于胃；骑马有益于头脑；诸如此类。因此，如果一个人心志不专，他顶好研究数学；因为在数学底证理之中，如果他底精神稍有不专，他就非从头再做不可。如果他底精神不善于辨别异同，那末他最好研究经院学派底著作，因为这一派的学者是条分缕析的人；如果他不善于推此知彼，旁征博引，他顶好研究律师们底案卷。如此看来，精神上各种的缺陷都可以有一种专门的补救之方了。

（[英]弗兰西斯·培根：《培根论说文集》，水天同译，商务印书馆1983年版，第179—181页）

【选文助读】

此文是西方历史上谈论读书和学问最具有代表性的文章之一，具有广泛的影响和深远的意义。文章开宗明义提出，“读书为学底用途是娱乐、装饰和增长才识”。针对不同的需求，学问所起到的作用也是不一样的。“在娱乐上学问底主要的用处是幽居养静；在装饰上学问底用处是辞令；在长才上学问底用处是对于事务的判断和处理。”这里，培根为我们提到了一个知识的分类问题，不同的知识是有不同的针对性的。读书需要甄别，知识需要选择。此外，知识和经验是有区别的，“富于经验的人善于实行，也许能够对个别的事情一件一件地加以判断”，也可以取得预期的目的和到达理想的境界。但是，“最好的有关大体的议论和对事务的计划与布置，乃是从有学问的人来的。”也就是说，知识是需要学习的。因为，只有阅读使人充实，会谈使人敏捷，写作与笔记使人精确。

如何读书，培根说道：“有些书可供一尝，有些书可以吞下，有不多的几部书则应当咀嚼消化。”读书要依据书籍的不同类别和质量优劣，分门别类、有所等差地对待。这就是说，有些书只要读读他们的一部分就够了，有些书可以全读，但是不必过于细心地读；还有不多的几部书则应当全读，勤读，而且用心地读。有些书也可以请代表去读，并且由别人替我作出节要来；但是这种办法只适于次要的议论和次要的书籍；否则录要的书就和蒸馏的水一样，都是无味的东西。

第七节
笛卡尔

【作者简介】

勒内·笛卡尔（Rene Descartes，公元1596—公元1650年），法国著名哲学家、物理学家、数学家、神学家，近代理性主义哲学的奠基人。哲学上，是二元论的代表，提出了“普遍怀疑”的主张。并与英国哲学家弗兰西斯·培根一同开启了近代西方哲学的“认识论”转向，对西方近代哲学观念的形成和发展起到了重要的作用。同时，留下“我思故我在”的名言，被黑格尔称为“近代哲学之父”。科学上，笛卡尔将几何坐标体系公式化，从而建立了解析几何，对现代数学的发展做出了重要的贡献，因而被认为是解析

 几何之父和“近代科学的始祖”。代表作有：《方法论》《哲学原理》《形而上学的沉思》《几何》等等。

【选文呈现】

谈谈正确运用自己的理性在各门学问里寻求真理的方法

第一部分

我自幼受书本教育。由于听信人家的话，认为读书可以得到明白可靠的知识，懂得一切有益人生的道理，所以我如饥似渴地学习。可是等到学完全部课程，按例毕业，取得学者资格的时候，我的看法就完全改变了。因为我发现自己陷于疑惑和谬误的重重包围，觉得努力求学并没有得到别的好处，只不过越来越发现自己无知。可是我进的是欧洲最著名的学校，如果天下有饱学之士的话，我想那里就该有。我把这所学校里别人所学的功课全部学完，甚至不以学校讲授的学问为满足，凡是大家认为十分稀奇、十分古怪的学问，只要捞得到讲它的书，我统统读了。此外，我也知道别人对我的评判，我没有见到任何人认为我不如我的同学，虽然他们当中已经有几位被选定为老师的接班人了。最后，我觉得我们这个时代人才辈出，俊杰如云，不亚于以往任何时代，这就使我可以自由地对所有的人作出我自己的判断，认为世界上根本没有一种学说真正可靠，像从前人们让我希望的那样。

尽管如此，我还是重视学校里所受的各种训练。我很明白：学校里教的语言文字，是通晓古书的必要条件；寓言里的机智，可以发聋振聩；史传上的丰功伟业，可以激励人心；精研史册，可以有助于英明善断；遍读好书，有如走访著书的前代高贤，同他们促膝谈心，而且是一种精湛的交谈，古人向我们谈出的只是他们最精粹的思想。我也明白：雄辩优美豪放无与伦比；诗词婉转缠绵动人心弦；数学有十分奥妙的发明，用处很大，既能满足好奇心，又能帮助各种技艺，减轻人们的劳动；宣扬风化的文章包含许多教训、许多箴言，劝人淑世为善；神学指引升天大道；哲学教人煞有介事地无所不谈，博得浅人敬佩；法学、医学等类学问给治学者带来盛名厚利。而且我还明白：博学旁通，连最迷信、最虚妄的东西也不放过，是有好处的，可以知道老底，不上它们的当。

可是我认为自己用在语言文字上的功夫已经够多，诵读古书、读历史、读寓言花的时间也已经不少。因为同古人交谈有如旅行异域，知道一点殊方异俗是有好处的，可以帮助我们比较恰当地评价本乡的风俗，不至于像没有见过世面的人一样，总是以为违反本乡习惯的事情统统是可笑的、不合理的。可是旅行过久就会对乡土生疏，对古代的事情过分好奇每每会对现代的事情茫然无知。何况寓言使人想入非非，把许多不可能的事情想成可能。就连最忠实的史书，如果不歪曲、不夸张史实以求动听，至少总要略去细微末节，因而不能尽如原貌；如果以此为榜样亦步亦趋，每每会同传奇里的侠客一样陷于浮夸，想出来的计划每每会无法实现。

我很看重雄辩，并且热爱诗词。可是我认为雄辩和诗词都是才华的产物，而不是研究的成果。一个人只要推理能力极强，极会把自己的思想安排得明白易懂，总是最有办法使别人信服自己的论点的，哪怕他嘴里说的只是粗俗的布列塔尼土话，也从来没有学过修辞学。一个人只要有绝妙的构思，又善于用最佳的辞藻把它表达出来，是无法不成为最伟大的诗人的，哪怕他根本不知道什么诗法。

我特别喜爱数学，因为它的推理确切明了；可是我还看不出它的真正用途，想到它一向只是用于机械技术，心里很惊讶，觉得它的基础这样牢固，这样结实，人们竟没有在它的上面造起崇楼杰阁来。相反地，古代异教学者们写的那些讲风化的文章好比宏伟的宫殿，富丽堂皇，却只是建筑在泥沙上面。他们把美德捧得极高，说得比世上任何东西都可贵；可是他们并不教人认识清楚美德是什么，被他们加上这个美名的往往只是一种残忍，一种傲慢，一种灰心，一种弑上。

我尊敬我们的神学，并且同别人一样要求升天。可是人家十分肯定地说：最无知的人也同最博学的人一样可以进天堂，指引人们升天的天启真理不是我们的智力所能理解的。我听了这些话，就不敢用我的软弱推理去窥测那些真理了。我想一定要有天赐的特殊帮助，而且是个超人，才能从事研究那些真理，得到成就。

关于哲学我只能说一句话：我看到它经过千百年来最杰出的能人钻研，却没有一点不在争论中，因而没有一点不是可疑的，所以我不敢希望自己在哲学上的遭遇比别人好；我考虑到对同一个问题可以有许多不同的看法，都有博学的人支持，而正确的看法却只能有一种，所以我把仅仅貌似真实的看法一律看成大概是虚假的。

至于其他的学问，既然它们的本原是从哲学里借来的，我可以肯定，在这样不牢固的基础上绝不可能建筑起什么结实的东西来。这类学问所能提供的名利，是不足以促使我去学习它们的，因为谢天谢地，我并不感到境遇窘迫，要拿学问去牟利，以求改善生活；我虽不像犬儒派那样自称藐视荣誉，对于那种只能依靠虚假的招牌取得的名声我是很不在意的。最后说到那些骗人的学说，我认为已经摸清了它们的老底，再也不会上当受骗，不管它是炼金术士的包票，还是占星术士的预言，是巫师的鬼把戏，还是那些强不知以为知的家伙的装腔做势、空心牛皮。

……

（［法］笛卡尔：《谈谈方法》，王太庆译，

商务印书馆2000年版，第3—10页）

【选文助读】

笛卡尔是欧洲大陆理性主义哲学的开创者和奠基人，是欧洲近代自然科学的拓荒者。其一生的理想就是教会人们如何使用理性完善人格、认识世界，令人敬佩；其丰富的人生经历更是令人神往。正是由于良好的阅读习惯和丰富的知识积累，才使得笛卡尔的人生完满多彩，并成为后世敬仰的典范。

选文可以说是笛卡尔结合自己成长经历的一次现身说法，至今读之无不为其告诫之诚恳和言说之深沉感动。笛卡尔认为：“单有聪明才智是不够的，主要在于正确地运用才智。杰出的人才固然能够做出最大的好事，也同样可以做出最大的坏事；行动十分缓慢的人只要始终循着正道前进，就可以比离开正道飞奔的人走在前面很多。”所以，一个人最大的成功，就在于学会正确地使用自己的理性，学会判断、学会甄别。而这一切的获得，知识和书籍扮演了极为重要的角色。

笛卡尔以自身为例，谈到了学校学习和阅读给自己带来的好处。即认为“读书可以得到明白可靠的知识，懂得一切有益人生的道理”。而且，越是努力的学习，也就越会更清楚地认识自己，发现自己的无知，也就会越发的努力通过各种途径获得知识。不同的知识和学问对人生的发展是起着不同的作用的，“寓言里的机智，可以发聋振聩；史传上的丰功伟业，可以激励人心；精研史册，可以有助于英明善断。”遍读好书，有如走访著书的前代高贤，同他们促膝谈心，而且是一种精湛的交谈，古人向我们谈出的只是他们最精粹的思想。最后，笛卡尔还告诫我们，书本知识只是我们求得知识、凝结智慧的第一步，我们也应该注重现实的经验，正所谓“读万卷书，行万里路”。

第三章

启蒙——理性时期

启蒙——理性时期，主要是指欧洲文艺复兴以后的17—18世纪这一段历史时间。经历了文艺复兴的洗礼，这一时期人们最大的特点就是注重对人的能力的肯定，特别是人的认识和把握自然的理性能力的肯定和颂扬。在这种观念的指导下，人们更加注重对世界的探索，对真理的追求以及对知识的传承。这一切体现在对代表人物书籍和阅读的肯定和提倡上面。

本章选文选取这一时期具有代表性的思想巨人，从他们的自传、专著以及散文中剥离出他们关于阅读和书籍的独特体会和趣事。如富兰克林《自传》、卢梭《爱弥儿》等，都从自己不同的阅读体验中诠释了阅读培养能力、传承知识、塑造人性以及提升灵魂的不同作用。他们所提到的阅读方法和体验，为我们阅读的过程提供了指导，也增加了趣味。

第一节
富兰克林

【作者简介】

本杰明·富兰克林（Benjamin Franklin，公元1706—公元1790年），美国著名的政治家、物理学家，同时也是出版商、印刷商、记者、作家、慈善家，更是杰出的外交家及发明家。政治上，他是美国独立战争时重要的领导人之一，参与了多项重要文件的草拟，并曾出任美国驻法国大使，成功说服法国支持美国独立。物理学上，他进行过多项关于电的实验，并发明了避雷针，最早提出电荷守恒定律，还发明了双焦点眼镜、蛙鞋等等。同时，富兰克林特别重视教育，他兴办图书馆、组织和创立多个协会都是为了提高各阶层人的文化素质，用了不少时间去从事社会活动。法国经济学家杜尔哥评价富兰克林："他从苍天那里取得了雷电，从暴君那里取得了民权。"代表作有《穷理查年鉴》《富兰克林自传》等。

【选文呈现】

自传（摘录）

1

我自小就喜欢读书，手里有点零钱，总要拿去买书。由于喜欢《天路历程》，我的第一批收藏就是约翰·班扬的文集，是一些分卷的小本子。后来我又把它们卖了，好凑够钱买R. 伯顿的《历史文集》；这些都是从小商小贩手里买到的小本子书，价格便宜，总共有四五十本。我父亲藏书不多，大都是一些论战性的神学著作，大部分我都看过了，我一直感到惋惜的是，在我求知若渴的时候，却见不到更加适合的书，因为我已经铁了心不当牧师了。普鲁塔克的《名人传》倒是有，里面的东西我可是百读不厌，我现在仍然认为，这些时间花得极有价值。还有一本笛福的书，叫作《论计划》，另外一本是马瑟博士的书，叫作《论行善》，后面这两本书扭转了我的思想. 从而影响了我未来生活的一些重大事件。

……

大约就在这个时候，我偶然看到了一卷零散的《旁观者》。是第三卷。以前我从来没有看见过这份报纸。我把它买来，反反复复读了好多遍，真是爱不释手。我认为文笔优美，并希望能够模仿得了。有了这种意图，我便选了几篇文章，写出每个句子的要旨，先搁置几天，然后不看书，试着用到手的贴切的字眼详尽地表达每个要旨，争取像原来表现的一样充分，从而再现原文。

然后我把自己写的《旁观者》与原文加以比对，发现了自己的一些错误，便予以纠正。我发现自己词汇贫乏，或者做不到招之即来，运用自如，我认为要是我坚持写诗，这些缺欠就可以避免，因为为了合律协韵就不断需要用意思相同、长短不一、声音多变的词，这就会逼着我为这些变化而苦苦搜索，而且也会让我把那些变化牢记心头，最后使我完全将它掌握。于是我找了几个故事，把它们改写成诗歌。过上一段时间，等我把原来的散文忘在脑后时，我又把诗歌还原成散文。有的时候，我还把我写的要旨打乱，过几个礼拜，再努力将它们排列成最佳的顺序，然后造成完整的句子，再联句成篇。这样做可以教会理顺思绪的章法。随后我把自己的作文与原文比较，发现了不少错误，再一一修正；有时候我也会沾沾自喜，因为在某些意义不大的细节上，我有幸对原文的章法或语言有所改进，这就鼓足了我的信心，认为有朝一日我会成为一名说得过去的英语作家，对于这一点我可是雄心勃勃的。

2

眼下由于这里没有任何已经写成的稿子，所以我不知道是否记述过我建立费城公共图书馆用的一些手段，这座图书馆开始很小，现在规模已相当可观了，尽管我记得已经写到接近此事的时间1730年了。所以我就从这里开始，先讲一讲图书馆的事，以后如果发现已经讲过，那就将它删除好了。

我在宾夕法尼亚自立门户的时候，波士顿以南的哪一个殖民地也没有一家像样的书店。在纽约和费城，印刷所其实就是文具店，只卖纸张、历书、歌谣和几种常见的学校课本。喜欢读书的人只好从英国邮购图书。共图社的社员每人手里倒是有几本书。我们最初是在一家啤酒馆聚会的，后来我们离开那里另租了一间屋子，作为社部。我提议大家都把自己的书送到那间屋子里，这样不仅可以在开会时随时查阅，而且可以让大家随意借出拿回家里阅读，这样可以互惠互利。于是这项建议便付诸实施，一段时间大家十分满意。发现这种小征集有大好处，我又建议把这种共享图书、互利互惠的局面进一步推广，办法就是创建一所会员制收费图书馆。我拟了一个草案和几条必要章程，再请一位契约起草专家查尔斯·布罗克登先生将全部内容改写成正规的协定条款让大家签署；按条款规定，每个签署人必须缴一定的款项以购买第一批图书，然后一年缴一次费用来添购图书，那时候费城读书的人为数寥寥，我们大多数人又穷得丁当响，所以经我多方奔走才勉强找到五十来个人，大部分是年轻的商人，愿意缴纳这笔每人四十先令、以后每年十先令的专款。我们就靠这笔小小的经费开张了。图书是进口的。图书馆每周开放一天，只给认捐者借书，根据他们的期票如不按时归还，则要按书价加倍罚款。这个机构很快显示出了它的用途，别的城镇和地区也竞相仿效，有了捐款，图书馆规模就越来越大，读书蔚然成风，广大民众由于没有公共娱乐转移学习的兴趣，便跟书结下了难解之缘，没过几年，外地人便注意到这里的人比别的国家同一阶层的人教养更高，头脑更灵光。

……

这个图书馆给我提供了勤学苦读、不断改进的途径，为此我每天匀出一两个小时；这样便在某种程度上弥补了我父亲一度想让我接受的高等教育的缺失。读书是我让自己享受的唯一乐趣。我不在酒馆、赌场或任何游乐场合消磨时光。我仍然兢兢业业、孜孜不倦地埋头苦干。

（[美]富兰克林：《富兰克林自传》，蒲隆译，
译林出版社2012年版，第13-17、91-93页）

【选文助读】

本杰明·富兰克林是美国独立战争时重要的领导人之一，也是在电学上颇有建树的物理学家，更是一个重视教育与阅读的社会活动家。他众多的身份使他的人生经历丰富绚烂，从他的《自传》中可以看出，阅读于他是人生重要的一角。

但凡大家，都是“自小就喜欢读书”。富兰克林的读书方法不

得不说是独特且值得借鉴的。“我便选了几篇文章，写出每个句子的要旨，先搁置几天，然后不看书，试着用到手的贴切的字眼详尽地表达每个要旨，争取像原来表现的一样充分，从而再现原文。”“随后我把自己的作文与原文比较，发现了不少错误，再一一修正”。这种“提要–复述–纠正”的阅读过程，赋予了富兰克林高妙的表达能力，不仅把握了作品思想，也练习文笔、提升技巧。

阅读的爱好在富兰克林这里，不再是私人的。为了能普及阅读，他先是组织了共图社，后又创建了当时该地区第一所图书馆。随后“读书蔚然成风，广大民众由于没有公共娱乐转移学习的兴趣，便跟书结下了难解之缘，没过几年，外地人便注意到这里的人比别的国家同一阶层的人教养更高，头脑更灵光。”读书成了这一地区的人的兴趣所在，其益处不必多言。富兰克林更借助这样的资源“勤学苦读、不断改进”，最终成为一代伟人。

第二节

卢梭

【作者简介】

让–雅克·卢梭 （Jean-Jacques Rousseau，公元1712—公元

1778年），法国18世纪伟大的启蒙思想家、哲学家、教育家、文学家，18世纪法国大革命的思想先驱，杰出的民主政论家和浪漫主义文学流派的开创者，启蒙运动最卓越的代表人物之一。政治上，卢梭从分析社会不平等的起源和发展，得出用暴力手段推翻封建君主专制政权的激进的革命结论；主张建立以社会契约为基础的民主共和国，提出“人民主权”这一富有彻底反封建的革命精神的民主思想。教育上，他建议孩子的情感教育先于理性教育，尤为强调通过个人经验来学习，形成了“自然主义”教育思想。在读书方法上有“三步读书法”。代表作《论人类不平等的起源和基础》《社会契约论》《爱弥儿》《忏悔录》《新爱洛伊丝》等。

【选文呈现】

忏悔录（节选）

闲谈一两个小时之后，我便去看书，一直看到吃午饭。我开始看的是哲学书籍，诸如波尔－洛雅勒修道院出的《逻辑学》，洛克的评论，以及马勒伯朗士、莱布尼茨、笛卡儿等的书籍。我很快就发现，这些作者的著作几乎总是相互矛盾，我妄想着将他们的学说统一起来，这可把我累苦了，这可浪费了我许多的时间。我弄得头昏脑胀，一无所获。最后，我还是丢开了这个方法，换了一种好得不能再好的方法，尽管我能力很差，但我却能取得进步，功劳全在于它，因为可以肯定的是我很少有做学问的能力。我在读一个作者的著作的时候，便自行规定，接受和遵从其全部思想，不掺杂自己或他人的观点，也从不与之争论。我寻思："先在我脑子里存下一些观点，不管它们是正确的还是错误的，只要明确就行，等到脑子里装得差不多了，再进行比较和选择。"我知道，这个方法并非十全十美，但它使我成功地获取了知识。有几年工夫，我一直是完全照着别人那样去想的，可以说不加思考，而且几乎是不去推理。但这之后，我便有了相当深厚的知识基础，可以独立思考而无需求教他人。这样，当我因旅行和办事而无法看书的时候，我便饶有兴味地把自己看到的东西加以复习和比较，用理智的天平去衡量每一件事，有时也对自己的老师们进行评判。尽管我很晚才开始运用自己的判断能力，但我并没觉得它已失去了其敏锐性。当我发表自己的见解时，人们并没指责我是一个盲目的门徒，只会人云亦云。

……

……我认为强记就能记住，便拼命地去背很多东西，为此我总是随身带着几本书，以难以置信的毅力去边干活边研究和复习。我不知道这些无谓的、不间断的顽强努力怎么最后竟没把我弄成傻子。我不得不一遍又一遍地反复学习维吉尔的田园诗，可一句也没记住。我因习惯于到处随身带着书，不论是去鸽舍、园子，还是去果园、葡萄园，所以书不是丢了，便是弄破了。一干别的活儿，我便把书放在一棵树下，或者篱笆上；到处都有我忘了拿的书，而且，经常是半个月之后，我又发现了它，已经是霉烂不堪，或是被蚂蚁和蜗牛咬烂了。这种学习热情变成了一种怪癖，使我像傻子似的，一边干活还一边嘴里不停地嘟哝点什么。

（[法]卢梭：《忏悔录》，陈筱卿译，
译林出版社1995年版，第207–211页）

【选文助读】

卢梭是法国启蒙运动的思想先驱，杰出的民主政论家和浪漫主义文学流派的开创者。他的“社会契约论”、“人民主权”从法国走向了世界，他所提倡的民主影响着十八世纪乃至今天。后人敬佩他，不只是因为他深刻精辟的见解，也景仰他丰富的学识。卢梭的学识来自于他不断地阅读与有效的方法。

《爱弥儿》中，卢梭借爱弥儿表达了自己“更喜欢读古人的著作而不喜欢读我们今人的著作”，这不是没有道理的，“古代的人既生得早，因而更接近于自然，他们的天才更为优异”。阅读经典也要持续思考，他认为“我们花时间去学别人的思想，就没有时间锻炼自己的思想，结果，学到的知识固然是多，但培养的智力却少。”我们在阅读时，也应将知识的获得放在锻炼智力之后，多读经典、勤于思考。

在读书方法上，卢梭总结了“三步读书法”：“我在读一个作者的著作的时候，便自行规定，接受和遵从其全部思想，不掺杂自己或他人的观点，也从不与之争论。”“等到脑子里装得差不多了，再进行比较和选择。”储存–比较–选择，为卢梭奠定了“相当深厚的知识基础”，他“拼命地去背很多东西”，也理智的进行独立判断。卢梭持久的、勤奋的阅读逐渐造就了他振聋发聩的政治思想，也启发我们“学而不思则罔，思而不学则殆”。

第三节
歌德

【作者简介】

约翰·沃尔夫冈·冯·歌德（Johann Wolfgang von Goethe，公元1749—公元1832年），德国著名的思想家、作家、科学家，最伟大的德国作家之一。他并不企图在作品中“体现某种抽象的东西”，而强调从生活中获得的“感性的、生动的、可喜爱的、丰富多彩的”印象，“用艺术的方式”进行加工，通过“生动的描绘”提供给人们，把客观外界的现实生活在作家主观意识中的反映看作是文艺创作的真正的基础和根据。黑格尔对歌德的思路有着深刻的理解，他指出，“歌德的初始现象并不已经意味着一种理念，而是意味着一种精神——感性的本质，在纯粹的本质概念和感性世界的偶然现象之间进行调和”。恩格斯曾把歌德和黑格尔并提，给予高度的评价，称“歌德和黑格尔各在自己的领域中都是奥林匹斯山上的宙斯”。其代表作有《普罗米修斯》《少年维特之烦恼》《浮士德》等等。

【选文呈现】

通俗的著作

在那个时候，我们还没有为儿童而设的图书馆。年长的人自己仍有童心，并且乐于将他们自己所受的教养传给子女们。除了科梅纽斯的《图画的世界》一书以外，我们手上再得不到这一类的书；但是，插有梅里安所绘的铜版画的大型《圣经》，我们常常翻阅；插有同一人绘的铜版画的戈特弗里特的《编年史》使我们知道世界史上的著名事件。《古代语读本》（Acerra philogica）一书更添上了种种的寓言、神话和奇闻。而且，我不久就发现了奥维德的名著《变形记》一书，特别用功地研读它的头几卷。因此，我的幼稚的头脑里很快就满装着一堆形象、大事，有意义和奇怪的人物和事变，我老是忙着把从此所得到的资料加工、复习和再创造出来，所以从不会感到无聊。

芬伦的《特列马克历险记》（《Les Adventures de Telémaque》）比起那些粗野而有危险性的古书来，给我以较健康和伦理的效果。这本书我只读过奈开尔希（Benjamin Neukirch）的德文译本，纵然也是那样不完不备地译过来，但对于我的心灵却有一种很甜蜜而有益的影响。《鲁滨孙漂流记》很快就在我的读物之内，那是自然之理；《斐尔逊堡孤岛》一书之少不了，也是不言而喻。安森勋爵的《世界环游记》，把真实的高贵的东西与童话的丰富的幻想结合在一起，阅读的时候，我们的思想萦绕着书中的航海家的身边，我们也神游遍全世界，并且力图以手指在地球仪上跟着他走。但后来，我又读到大量其他书，因而获得更多的益处，以这些书的现有形式论，虽不能称为杰出，但它们的内容却使我们熟知往代的许多值得颂扬的业绩，而没有什么害处。

那些后来以编印《民众文学》或民间故事书著称的图书的出版社，或不如说制造所，就是在法兰克福本地开设。因为大批发行的缘故，这些书是用铅板印在极劣的吸墨纸上，字迹模糊，难以辨认。每天由书贩将书放在大门前的小桌子上，只花几个小钱就可以据为己有，因此我们孩子有幸地看到中古时代可贵的遗物。《厄伦史皮格尔的故事》，《海蒙的四个儿子》，《美丽的美卢塞娜》，《奥大维安皇帝》，《美丽的马格洛涅公主》，《福图纳》以至那《永远流浪的犹太人》如此之类的全套书，随便供我们阅览，我们很快就看上了瘾，只想搞到这些书而不想购买什么零食了。买这些书最方便的地方，就是当我们读破了一本书或者污损了它的时候，很快就可以再买回一本，重新埋头埋脑的读了。

（[德]歌德：《歌德自传》，刘思慕译，
上海三联书店1998年版，第34—36页）

【选文助读】

恩格斯曾将歌德称为“奥林匹斯山上的宙斯”，作为最伟大的德国作家之一，歌德的作品流传甚广。他在作品中所闪现的思想的光芒、卓越的文采都是阅读中日积月累而来。他在自己的《自传》中对自己的阅读经历有很多叙述。

《通俗的著作》是对歌德童年的阅读进行了回忆。由于书籍种类的不足，歌德从小就接触到了《圣经》、《编年史》、《变形记》这样的大部头。在这段选文中，我们可以窥得歌德对于书籍的一些标准：健康、伦理、充满知识。在阅读时，年少的歌德已经是一个合格的阅读者：“我的幼稚的头脑里很快就满装着一堆形象、大事，有意义和奇怪的人物和事变，我老是忙着把从此所得到的资料加工、复习和再创造出来，所以从不会感到无聊。”思考对阅读来说是不可或缺的。

《莎士比亚的重大影响》可以更清晰地让我们看到歌德成熟

后的思想。他大胆地指出选粹这一形式虽“片断”但“仍有不少好的影响”。而在文体上，歌德也一反人们对诗歌盲目的推崇，以为“对于青年初期的教养，散文译本比韵文较为有效”。究其根本，在于阅读首先要获得书中的思想，这也是“诗人的心血”。

歌德在《自传》中提及了众多书籍，广博的阅读是他人生中不可或缺的经历，而他对年轻人的教诲就在其中：勤于思考、思想为重。

第四节
查尔斯·兰姆

【作者简介】

查尔斯·兰姆（Charles Lamb，公元1775—公元1834年），英国著名散文家、评论家。兰姆十分赞赏浪漫主义思潮中人性主义的主张，并以此创作了充满温情和调侃的个性化散文。同时，兰姆也热爱城市生活，善于用敏锐独特的眼光捕捉市井生活中变幻的都市风情。曾以“伊利亚”为笔名在《伦敦杂志》发表系列散文，后结集为《伊利亚随笔集》，多为自传体，文风亦庄亦谐，情趣丰富，表述精妙，笔调奇特别致，堪称兰姆散文创作的最高成就，也是英国随笔散文的典范。

【选文呈现】

读书漫谈

在读书方面，我百无禁忌。高雅如夏夫茨伯利，低俗如《魏尔德传》，我都一视同仁。凡是我可以称之为“书”的，我都读。但有些东西，虽具有书的外表，我却不把它们当作书看。

在biblia a—biblia(非书之书)这一类别里，我列入了《宫廷事例年表》、《礼拜规则》、袖珍笔记本、订成书本模样而背面印字的棋盘、科学论文、日历、《法令大全》，休谟、吉本、洛伯森、毕谛、索姆·钱宁斯等人的著作以及属于所谓“绅士必备藏书”的那些大部头；还有弗莱维·约瑟夫斯(那位有学问的犹太人)的历史著作和巴莱的《道德哲学》。把这些东西除外，我差不多什么书都可以读。我庆幸自己命交好运，得以具有如此广泛而无所不包的兴趣。

老实说，每当我看到那些披着书籍外衣的东西高踞在书架之上，我就禁不住怒火中烧，因为这些假圣人篡夺了神龛，侵占了圣堂，却把合法的主人赶得无处存身。从书架上拿下来装订考究、书本模样的一本书，心想这准是一本叫人开心的“大戏考”，可是掀开它那“仿佛书页似的玩意儿”一瞧，都是叫人扫兴的《人口论》。想看看斯梯尔或法奈尔，找到的却是亚当·斯密。有时候，我看见那些呆头呆脑的百科全书(有的叫“大英”，有的叫“京都”），分门别类，排列齐整，一律用俄罗斯皮或摩洛哥皮装订，然而，相比之下，我那一批对开本的老书却是临风瑟缩、衣不蔽体——我只要能有那些皮子的十分之一，就能把我那些书气气派派地打扮起来，让派拉塞尔萨斯焕然一新，让雷蒙德·拉莱能够在世人眼中恢复本来面目。每当我瞅见那些衣冠楚楚的欺世盗名之徒，我就恨不得把他们身上那些非分的装裹统统扒下来，穿到我那些衣衫褴褛的旧书身上，让它们也好避避寒气。

对于一本书来说，结结实实、齐齐整整地装订起来，是必不可少的事情，豪华与否倒在其次。而且，装订之类即使可以不计工本，也不必对各类书籍不加区别，统统加以精装。譬如说，我就不赞成杂志合订本实行全精装——简装或半精装(用俄罗斯皮)，也就足矣。而把一部莎士比亚或是一部弥尔顿(除非是第一版)打扮得花花绿绿，则是一种纨绔子弟习气。

而且，收藏这样的书，也不能给人带来什么不同凡响之感。说来也怪，由于这些作品本身如此脍炙人口，它们的外表如何并不能使书主感到高兴，也不能让他的占有欲得到什么额外的满足。我以为，汤姆逊的《四季》一书，样子以稍有破损、略带卷边儿为佳。对于一个真正爱读书的人来说，只要他没有因为爱洁成癖而把老交情抛在脑后，当他从“流通图书馆”借来一部旧的《汤姆·琼斯》或是《威克菲牧师传》的时候，那污损的书页、残破的封皮以及书上(除了俄罗斯皮以外)的气味，该是多么富有吸引力呀!它们表明了成百上千读者的拇指曾经带着喜悦的心情翻弄过这些书页，表明了这本书曾经给某个孤独的缝衣女工带来快乐。这位缝衣女工、女帽工或者女装裁缝，在干了长长的一天针线活之后，到了深夜，为了把自己的一肚子哀愁暂时浸入忘忧之水，好不容易挤出个把钟头的睡眠时间，一个字一个字拼读出这本书里的迷人的故事。在这种情况之下，谁还去苛求这些书页是否干干净净、一尘不染呢?难道我们还会希望书的外表更为完美无缺吗?

从某些方面说，愈是好书，对于装订的要求就愈低。像菲尔丁、斯摩莱特、斯特恩以及这一类作家的书，似乎是版藏宇宙之内，不断重印，源源不绝。因此，我们对于它们个体的消灭也就毫不可惜，因为我们知道这些书的印本是绵绵不断的。然而，当某一本书既是善本，又是珍本，仅存的一本就代表一类书，一旦这一孤本不存——

天上火种何处觅，

再使人间见光明?

例如，纽卡塞公爵夫人写的《纽卡塞公爵传》就是这么一本书。为把这颗文学明珠加以妥善保存，使用再贵重的宝盒、再坚固的铁箱都不算过分。

不仅这一类的珍本书，眼见得重版再印渺渺无期，就是菲力浦·锡德尼、泰勒主教、作为散文学的弥尔顿以及傅莱这些作家，尽管他们的著作的印本已经流行各地，成为街谈巷议之资，然而由于这些作品本身始终未能(也永远不会)成为全民族喜闻乐见之文、雅俗共赏之书，因此，对于这些书的旧版，最好还是用结实、贵重的封套好好保存起来。我并无意搜求第一版的莎士比亚对开本。我倒宁愿要罗和汤森的通行本。这种版本没有注释，插画虽有但拙劣之极，仅足以起那么一点儿图解、说明原文的作用而已。然而，正因为如此，它们却远远胜过其它莎士比亚版本的豪华插图，原因是那些版画太不自量力，竟然妄想与原文争个高下。在对于莎剧的感情上，我和我的同胞们心心相印，所以我最爱看的乃是那种万人传阅、众手捧读的版本。对于鲍门和弗来彻却恰恰相反——不是对开本，我就读不下去；八开本看着都觉得难受，因为我对它们缺乏感情。如果这两位作家像那位诗人那样受到万口传诵，我自然读读通行本也就心满意足，而不必仰仗旧版了。有人把《忧郁的剖析》一书加以翻印，真不知是何居心。难道有必要把那位怪老头的尸骨重新刨出来，裹上时髦的寿衣，摆出来示众，让现代人对他评头论足吗?莫非真有什么不识时务的书店老板想让伯尔顿变成家喻户晓的红人吗?马隆干的蠢事也不能比这个再糟糕了——他买通了斯特拉福教堂的职员，得到许可把莎翁的彩绘雕像弄成一色粉白；那雕像的原貌尽管粗糙，却甚逼真，就连面颊、眼睛、须眉、生平服装的颜色也都一一描画出来，虽不能说十全十美，总算把诗人身上这些细部给我们提供一个唯一可靠的见证。但是，这一切都被他们用一层白粉统统覆盖了。我发誓，如果我那时候恰好是沃里克郡的治安法官，我定要将那个注释家和那个教堂职员双双砸上木枷，把他们当作一对无事生非、亵渎圣物的歹徒加以治罪。

我眼前似乎看见他们正在现场作案——这两个自作聪明的盗墓罪犯。

（[英]查尔斯·兰姆：《伊利亚随笔选》，刘炳善译，上海译文出版社2008年版，第221—231页）

【选文助读】

兰姆的随笔常常是以伦敦的城市生活为描写对象，从城市的芸芸众生中寻找出诗意，赋予日常生活中的平凡小事一种浪漫的异彩。有人说兰姆是十九世纪资本主义社会中职员、教员、会计、雇佣文人等中下层“白领工人”的代言人，读者可以从他的作品中找到熟悉而亲切的感觉。

选文可以看作是兰姆就读书与读者进行的亲切交谈，其中无有居高临下的教诲，读起来仿若与兰姆促膝而坐，谈笑风生。他从自己对书籍的选择说起，“在读书方面，我百无禁忌”，书籍的雅俗之分于他无用。读什么书籍 “很大程度决定于读书的时间和地点”。他对书籍的装订是否精美也并不十分在意，“从某些方面说，愈是好书，对于装订的要求就愈低”，旧的书籍因其被翻阅的频繁而更富有吸引力。在行文中，可以感受到兰姆对中下层的关怀，这种关怀落在读书上便是对阅读的普及。兰姆构建了“某个孤独的缝衣女工”的读书场景，说到，“那些站在街头看书的人，我一想起他们就油然而生同情之心。”

兰姆之读书，如其人一样，平易近人。他热爱书籍到“除了走路，我便读书”，正是这种对书籍的广泛阅读、独到见解造就了兰姆散文的独特风格，幽默不失庄重，易读不失深刻。

第五节
叔本华

【作者简介】

亚瑟·叔本华（Arthur Schopenhauer，公元1788—公元1860年），德国著名作家、学者、哲学家，唯意志主义和现代悲观主义创始人。叔本华是哲学史上第一个公开反对理性主义哲学的人并开创了非理性主义哲学的先河，他继承了康德对于现象和物自体之间的区分，坚持物自体，并认为它可以通过直观而被认识，将其确定为意志。意志独立于时间、空间，所有理性、知识都从属于它，即生命意志是主宰世界运作的力量。叔本华影响了尼采、萨特等诸多哲学家，开启了非理性主义哲学。代表作有《论充足理由率的四重根》、《作为意志和表象的世界》、《论道德的起源与基础》等。

【选文呈现】

论阅读和书籍（节选）

2

在阅读的时候，别人的思考代替了我们自己的思考，因为我们只是重复着作者的思维过程。这种情形就好比小学生学写字——他用羽毛笔一笔一划地摹写教师写下的字体。因此，在阅读的时候，思维的大部分工作是别人帮我们完成的。这就是为什么当我们从专注于自己的思想转入阅读的时候，会明显感受到某种放松。但在阅读的时候，我们的脑袋也就成了别人思想的游戏场。当这些东西终于撤离了以后，留下来的又是什么呢？这样，如果一个人几乎整天大量阅读，空闲的时候则只稍作不动脑筋的消遣，长此以往就会逐渐失去自己独立思考的能力，就像一个总是骑在马背上的人最终就会失去走路的能力一样。许多学究就遭遇到这种情形：他们其实是把自己读蠢了。这是因为一有空闲时间就马上重新接着进行持续的阅读，这对精神思想的摧残甚至更甚于持续的手工劳作，因为在从事手工操作时，我们毕竟还可以沉浸于自己的思想之中。正如弹簧持续受到重压最终就会失去弹性，同样，我们的头脑会由于别人思想的持续侵入和压力而失去其弹性。正如太多的食物会搞坏我们的肠胃并因此损害了整个身体，同样，太多的精神食物会塞满和窒息我们的头脑。这是因为我们阅读得越多，被阅读之物在精神上所留下的痕迹就越少——因为我们此时的头脑就像一块密密麻麻重叠写满了东西的黑板。这样，我们就无暇重温和回想，而只有经过重温和回想我们才能吸收所阅读过的东西，正如食物并非咽下之时就能为我们提供营养，而只能在经过消化以后。如果我们经常持续不断地阅读，在这之后对所阅读的东西又不多加琢磨，那这些东西就不会在头脑中扎根，其大部分就会失之遗忘。总的来说，精神营养跟身体营养并没有两样：我们咽下的东西真正被我们吸收的不及五十分之一，其余的经由蒸发、呼吸和其他方式消耗掉了。另外，付诸纸上的思想总的来说不外乎就是在沙滩上走路的人所留下的足迹。不错，我们是看到他所走过的路，但要知道这个人沿途所见之物，那我们就必须用自己的眼睛才行。

……

……

10

如果在买书的同时又能买到阅读这些书的时间，那该有多好！但是，人们经常把购买书籍错误地等同于吸收和掌握这些书籍的内容。

期望读者记住他所读过的所有东西，就等于期望他的肚子留住他所吃过的所有食物。食物和书籍是读者在身体上和精神上赖以为生的东西，这些使他成了此刻的样子。但是，正如人的身体只吸收与身体同类的食物，同样，每一个人也只记住让他感到兴趣的事情，亦即与他的总体思想或者利益目标相符的东西。当然，每个人都会有他的利益目标，但却很少人会有近似于总体思想的东西。所以，人们对事情不会有客观的兴趣，他们所读的东西因此原因不会结出果实：因为他们留不住所读过的任何东西。

“复习是学习之母。”每一本重要的书籍都必须一气呵成连续读上两遍。原因之一是在阅读第二遍的时候，我们会更好地理解书中内容的整体关联，而只有知道了书的结尾才会明白书的开头；原因之二就是在第二次阅读的时候，我们的心境、情绪与在第一次阅读时已经有所不同。这样，我们获得的印象也会不一样。情形就好比在不同光线之下审视同一样的物体。

一个人的著作是这一个人的思想精华。所以，尽管一个人具有伟大的思想能力，但阅读这个人的著作总会比与这个人的交往获得更多的内容。就最重要的方面而言，阅读这些著作的确可以取代、甚至远远超过与这个人的近身交往。甚至一个才具平平的人所写出的文字也会有一定的启发意义，能够给人以消遣并值得一读——原因正在于这些东西是他思想的精华，是他所有思考、研究和学习的结果；而与这个人的交往却不一定能令人满意。因此，与某些人的交往无法给予我们乐趣，但他们写出的作品却不妨一读。所以，高度的思想修养逐渐就会使我们完全只从书本、而不是具体的个人那里寻找消遣和娱乐。

没有什么比阅读古老的经典作品更能使我们神清气爽的了。只要随便拿起任何一部这样的经典作品，读上哪怕是半个小时，整个人马上就会感觉耳目一新，身心放松、舒畅，精神也得到了纯净、升华和加强，感觉就犹如畅饮了山涧岩泉。这到底是因为古老的语言及其完美的特性，还是因为这些古典作家保存在著作里的伟大思想历经数千年仍然完好无损，其力度也不曾减弱分毫？或许两种原因兼而有之吧。但是，这一点是肯定的：人们一旦放弃了学习古老语言——现在就存在这种威胁——那新的文字作品就将前所未有地充斥着肤浅、粗野和没有价值的涂鸦文字。尤其是德语这一具有古老语言不少优秀特质的语言，现在就正受到“当代今天”的拙劣文人有步骤的和变本加厉的破坏和摧残；这样，越加贫乏和扭曲的德语也就逐渐沦为可怜的方言和粗话。

我们有两种历史：政治的历史和文学、艺术的历史，前者是意欲的历史，后者则是智力的历史。所以，政治的历史从头到尾读来让人担忧不安，甚至是惊心动魄。整部这样的历史无一例外都是充斥着恐惧、困苦、欺骗和大规模的谋杀。而文学、艺术的历史却读来让人愉快和开朗，哪怕它记录了人们曾经走过的弯路。这种智力历史的主要分支是哲学史：它是智力历史的基本低音，其发出的鸣响甚至传到其他的历史中去，并且，在别的历史中也从根本上主导着观点和看法。所以，正确理解的话，哲学也是一种至为强大的物质力量，虽然它作用的过程相当缓慢。

（［德］叔本华：《叔本华美学随笔》，韦启昌译，
上海人民出版社2009年版，第15—26页）

【选文助读】

叔本华是唯意志主义和现代悲观主义创始人，也是非理性主义哲学的开启者。叔本华的悲观主义之下，潜藏的是他清醒的思想。因此，我们读叔本华往往会有一针见血、入木三分的感觉。叔本华一生都在追求真理，在他起起伏伏的人生中，他始终坚定自己的判断。他的美学随笔更是以犀利的笔触写了对音乐、阅读、历史等的思考。

《论阅读和书籍》犹如一剂解毒剂注入我们的心灵，“在阅读的时候，别人的思考代替了我们自己的思考，因为我们只是重复着作者的思维过程。”在阅读的同时，我们也应有自己独立的思考，“要知道这个人沿途所见之物，那我们就必须用自己的眼睛才行”。叔本华对书籍的选择是推崇阅读经典书籍，“因为人们总是阅读最新的，而不是所有时代中最好的作品，所以，作家们就局限于时髦和流行概念的狭窄圈子里，而这个时代也就越发陷入自己的

泥潭当中。”他恳切地给予读者忠告：“劣书是损害我们精神思想的毒药。阅读好书的前提条件之一就是不要读坏书，因为生命是短暂的，时间和精力都极其有限。”阅读的方法叔本华也为我们指出，“每一本重要的书籍都必须一气呵成连续读上两遍”，这样才能“更好地理解书中内容的整体关联，而只有知道了书的结尾才会明白书的开头”。

阅读并不是被动地接受作者的思想，在脑海中描绘出一幅幅美好的画面。更需要的是在阅读过程中进行思考来培养和补完自身独立思考的能力。最后，书中也不忘提醒我们在阅读和思考之后，最重要的是去做、去实践。

第六节
普希金

【作者简介】

亚历山大·谢尔盖耶维奇·普希金（Aleksandr Sergeyevich Pushkin，公元1799—公元1837年），俄国著名的文学家、诗人，是现代俄国文学的奠基人，被誉为“俄国小说之父”。他的作品是俄国民族意识高涨以及贵族革命运动在文学上的反映。普希金作品具有崇高的思想性和完美的艺术性，表现了对自由、对生活的热爱，对光明必能战胜黑暗、理智必能战胜偏见的坚定信仰，他的“用语言把人们的心灵燃亮”的崇高使命感和伟大抱负深深感动着一代又一代的人。代表作有诗歌《自由颂》《致大海》《致恰达耶夫》《假如生活欺骗了你》等，诗体小说《叶甫盖尼·奥涅金》，小说《上尉的女儿》《黑桃皇后》等。

【选文呈现】

论当代的卫道士

但是，让他们来判定，什么是上流社会认可的，什么是不被认可的，哪些书是女士们可以读，哪些又是不能读的，什么样的用语适于客厅(或者用这些先生的话来说：小客厅)，这不是十分可笑吗?看看他们以他们大概既没有时间也没有必要在其间露面的上流社会的庇护人自居，不是很有趣吗?在一些学术性刊物中看到关于某个用语令人厌恶的缺乏道德的郑重其事的论断以及关于上流社会女士的引证，不是让人感到奇怪吗?袖手旁观那些可敬的教授被上流社会的玩笑弄得面红耳赤，难道不令人羞愧?他们可知道，在一个良好的社会里装腔作势和华而不实，比起民间鄙俗的东西反令人难以忍受，而且正是这种装腔作势暴露出这个社会的无知。他们何必要去了解，庶民们的一些不加掩饰的独特的用语。在上流社会也经常使用，而丝毫无伤大雅，而另一方面，那种乡巴佬式的客套、拘泥的双关语，却只能引起众人的讪笑?一个良好的社会不是只能存在于上层圈子内，而是在凡是有诚实、聪明和有教养的人的地方都能存在。

这种把自己装扮成上流社会人士的癖好，有时也使我们的一些报人们落入有趣的尴尬场面。他们之中有一位认为，不应当在女士面前谈论跳蚤，而且为此严厉斥责一位——你猜是谁——一位年轻有为的宫廷显贵。有一本杂志激烈抨击一部长诗有失体统，因为其中描写了一位青年深夜进入一位睡着的美人的屋里。而当一位颇为腼腆的评论者对这部长诗像对待薄伽丘或者卡斯蒂的淫秽小说一样来进行分析的时候，彼得堡的女士们都已经在读这本书，并且可以背诵其中许多片段。不久前，一部历史小说引起了广泛的注意，并使女士们暂时放下手头的流行小说和历史札记，专心来阅读它。结果呢?一张报纸要作者注意，小说的一些平民场面中使用了骇人听闻的词汇：狗崽子。难道可以这样吗?万一我们女士们的目光落到这种闻所未闻的用语上，他们会说些什么呢?——他们又会对冯维辛说些什么呢?后者给叶卡捷琳娜女皇朗读自己的《纨绔子弟》，其中每一页上那个蛮横无理的普罗斯塔科娃都骂叶列梅耶夫娜是狗娘养的。我们当代的道德卫士们关于人们争相阅读《心肝儿》这部作品以及这部佳作取得成就又会说些什么呢?他们对于杰尔查文的戏谑性的颂歌以及德米特里耶夫的美丽的童话，又作何感想呢?《摩登太太》不是同《努林伯爵》一样不道德吗?

（[俄]普希金:《普希金全集 6》，邓学禹、孙蕾译，浙江文艺出版社1997年版，第136-137页）

【选文助读】

亚历山大·谢尔盖耶维奇·普希金，俄国著名的文学家、诗人，是现代俄国文学的奠基人，被誉为“俄国小说之父”。他以高涨的热情把俄国高涨的民族意识以及贵族革命运动记录下来。他的人生尽管坎坷不幸居多，但普希金始终保持着对自由的向往和光明的信念。

选文是普希金带着革命热情写下的，它与当时俄国生活十分切近，读来生动而激昂。他抨击了以道德自居的“卫道士”：“在一个良好的社会里装腔作势和华而不实，比起民间鄙俗的东西反令人难以忍受，而且正是这种装腔作势暴露出这个社会的无知。”普希金支持着民族文学、通俗文学，尽管如《纨绔子弟》这样的书籍带有属于下层人民的词汇，他仍然肯定了它们的文学价值，并把阅读它们看作是常事。

普希金力证了书籍、思想的重要性。“个人的行为的影响是短暂和孤立的，书籍的影响则是众多和无处不在的。”他对乏味的书不但不抱有偏见，还把它们看得十分重要，“一本乏味的书很可能是一本好书”。乏味的书也许包含着思想之精华，读起来虽有困难，但其价值却不可估量。

第七节
雨果

【作者简介】

维克多·雨果（Victor Hugo，公元1802—公元1885年），法国积极浪漫主义文学的代表作家，人道主义的代表人物，被称为“法兰西的莎士比亚”。一生写过多部诗歌、小说、剧本、各种散文和文艺评论及政论文章，在法国及世界有着广泛的影响力。他的作品主要赞颂真、善、美，鞭挞黑暗、丑恶、残暴，在非凡的形象和实践中再现典型的性格和现实现象的社会历史实质。罗曼·罗兰评价他：“在文学界和艺术界的所有伟人中，雨果是唯一活在法兰西人民心中的伟人。”代表作有《悲惨世界》《巴黎圣母院》《九三年》等等。

【选文呈现】

莎士比亚论（节选）

自从混沌开初以来，人类究竟是什么?是一个嗜好阅读的人。他长久地拼缀字母，现在还在拼缀；不久以后，他就会阅读了。

这个有了六千岁的孩子一开始就是在学校里。在什么学校?就在大自然里。起初，他没有书，于是就拿宇宙当作字母来拼缀。他最初的功课是云彩、苍穹、雷电、花朵、禽兽、树林、季节和天象。伊阿尼的渔夫研究波浪，夏尔德的牧人数着星辰。而后就产生了最初的书籍；这是了不起的进步。书本要比世界这场景更为广阔；因为，它在事实之上还加上思想。如果有什么东西比从太阳里看到的上帝更伟大，那便是从荷马史诗中看到的上帝。

只有宇宙而没有书籍，只是一种萌芽的理想。宇宙加上书籍，才有了科学的雏形。这样，在人世中才立即产生了变化。过去只有暴力的地方，今天显现出了能力。把理想运用到真实的事物上，便有了文明。诗歌一经写下或唱出，就开始发生它的作用，诗歌的这种辉煌的、有效的演绎，是人所共知的。要说科学梦想而诗歌行动，这简直是耸人听闻。思想家用竖琴的声音驱除凶野之性。

我们下面还要谈到书籍的力量，现在就不在此多谈了；书籍的力量虽然现在显示出来了，但过去的情况仍然是作家多、读者少。

这种情况即将改变，义务教育为光明招募新兵。从今以后，全人类的一切进步事业将借知识界圈子的扩大而实现。凡合乎理想和道德的善举，其直径总是与智慧的口径符合。头脑有怎样的价值，心灵便有怎样的价值。

书籍便是这种改造灵魂的工具。人类所需要的，是富有启发性的养料。而阅读，则正是这种养料。由此，学校的重要性便显示出来了，它在任何地方都是与文明的程度成正比例的。人类终将把书籍完全打开。由一切先知、诗人、哲学家写成的宏伟的人类的《圣经》，即将在义务教育这巨大光镜的焦点下发出灿烂的光辉来。

人类在阅读，人类就是在获得知识。

说诗歌消亡了，这是多么大的一句蠢话!我们可以大声宣告：诗歌来到了!谁谈到诗歌，便是谈到哲学和光明，书籍的朝代开始了，学校为它准备条件。增加了读者的数目，也就是增加了书籍的价值。当然，这不是指增加书籍内在的价值而言，其内在的价值过去是怎样，今天仍是怎样，但从实际的效用而言，过去书籍的作用所未能及的地方，今天则能够达到了；人们的灵魂在“善”这个问题上，完全听命于它。过去，它只不过是美的，今天，则是有用的了。

读者的圈子既然在扩大，被人阅读的书籍的圈子当然也会扩大。对此，谁又敢加以否认呢?然而，阅读的需要好像一堆火药，一旦点燃起来，便再也不可收拾，而且，又由于机器的运用，体力劳动简化了，人有更多的空余时间，身体愈不劳累，智力就愈自由，广泛的思维兴趣就会在一切人的头脑中苏醒；不可餍足的认识和思考的渴望，将愈来愈变成人类的主要牵挂；人们将离开低级的场所而到高尚的地方去，成长着的智慧便这样自然而然地上升，大家将放弃《福勃拉》而阅读阿迦曼农三部曲；在那里面，读者将会领略到高尚的情趣，而一旦有了领略，读者就永远不会感到满足；人们誓欲把“美”吸收得点滴不剩方肯罢休，因为所有才智之士的高雅趣味是随着他们的力量而俱增的；这样一天终将来到，那时文明高度发展，在卢克莱修、但丁、莎士比亚这些多少世纪以来几乎荒无人烟、只有人类精华不时造访的顶峰之上，将布满了来这里寻找精神食粮的灵魂。

（[法]雨果:《雨果文集 第十七卷》，柳鸣九译，
河北教育出版社1998年版，第135-138页）

【选文助读】

维克多·雨果是法国文学史浓墨重彩的一笔。他代表着浪漫主义，也挖掘深刻的社会现实，他把人道主义作为标准，被称为“法兰西的莎士比亚”。他的每一次进步、转变都影响着法国文学的走向。身为一个文学家，雨果的文艺评论兼具文采与思想。

选文《莎士比亚论》中，雨果纵横古今，谈了阅读的重要性。他从人类初始说起，把书籍定为“在事实之上还加上思想”，而

“宇宙加上书籍，才有了科学的雏形”，然后才有了文明。书籍的作用如此显著，因此要扩大义务教育，让更多的人学会阅读。“人类在阅读，人类就是在获得知识。”启蒙时期的余音还在回荡着，雨果渴望用教育的普及来推动文明。

雨果认为，书籍是“改造灵魂的工具”，他所提倡的“真、善、美”借书籍可以在更多的人心中种下种子。阅读的力量是美与善的力量，雨果激昂地喊道：“诗歌来到了！”“阅读的需要好像一堆火药，一旦点燃起来，便再也不可收拾，而且，又由于机器的运用，体力劳动简化了，人有更多的空余时间，身体愈不劳累，智力就愈自由，广泛的思维兴趣就会在一切人的头脑中苏醒；不可餍足的认识和思考的渴望，将愈来愈变成人类的主要牵挂；人们将离开低级的场所而到高尚的地方去，成长着的智慧便这样自然而然地上升。”雨果之论，为我们指明了阅读的未来，“寻找精神食粮的灵魂”将越来越多。

第八节
爱默生

【作者简介】

拉尔夫·沃尔多·爱默生（Ralph Waldo Emerson，公元1803—

公元1882年），美国思想家，文学家，诗人。爱默生是确立美国文化精神的代表人物。美国前总统林肯称他为“美国的孔子”“美国文明之父”。他的诗歌、散文独具特色，注重思想内容而没有过分注重辞藻的华丽，行文犹如格言，哲理深入浅出，说服力强，且有典型的“爱默生风格”。他的主要成就在他的哲理味浓郁的散文方面。他的思想具有一定连贯性，具有哲学家的风度。其中“超灵”说是他哲学思想的重要部分，他相信“超灵”的超脱性。代表作品有《论自然》《论自助》《论超灵》。

【选文呈现】

论书籍（节选）

在历史所遗留下来的事物中，书籍是最好的一种，也许我们应该抓住这个真理——仅仅考虑它们的价值，这会更有助于我们了解这种巨大的影响力。

书籍的原理是崇高的。最早的学者将周围的世界融入自身，并对其进行沉思，然后按照自己的思想将其重新安排和复述。进入他思想的是生活，出来的却是真理。短暂的行为发生在他身上，便生成了不朽的思想。世俗的事务在他那里变得富有诗意。过去是刻板的事实，现在却变为充满活力的思想。它能够站立，也能够行走。

它时而蛰伏，时而飞扬，时而又给人以灵感。孕育它的心灵越博大深沉，它就会飞得越高，吟唱越久。

或者我可以说，书籍的原理取决于将人生转化为真理的过程的深入程度。提纯越彻底，成品就越纯净、越能持久。然而，这世上没有十全十美的事。正如没有任何抽气泵能够制造真空一样，没有任何艺术家能够在他的书中彻底摒除所有习俗的、有局限性的、难以持久的东西，或是写出一本永久适用的纯思想的书。我们发现，每个时代的人所写的书必定属于当时的时代；或者更确切地说，每一代人都是在为下一代人写书。远古时期的书并不适用于当今时代。

因此，一个严重的弊端便产生了。与创造行为（即思想行为）紧密相连的那种神圣性即刻被转换成了文字记录。人们觉得吟诵时的诗人是神圣的人，因此他所吟诵的诗也变得神圣了。作家是公正和智慧的化身，于是他的书也被认定是完美的，就像对英雄的热爱被降格成对其雕像的崇拜一样。书籍很快就变成了有害之物。引路人竟沦为暴君；我们所追随的兄弟摇身一变成为统治者。芸芸众生那迟钝而扭曲的心灵，在敞开胸怀迎接理智进入时，总是十分缓慢的；但是，一旦它打开心门，一旦它接受了这本书，它就会执着于书中的思想，并在其遭受诋毁时竭力捍卫。大学就是以此为基础建立起来的；思想者们的书也是以此为基础写成的——这里所说的思想者并不是“思考的人”，不是那些虽有才能、但选择了错误道路的人。他们的立足点是公认的教条，而不是自己对原理的见解。那些在图书馆里成长起来的谦恭温顺的年轻人，认为自己的责任就是去接受西塞罗、洛克和培根早已阐述过的观点，却忘记了西塞罗、洛克与培根在写这些著作时，也只不过是图书馆里的年轻人。

因此，我们这里只有书呆子，而没有“思考的人”；也因此，那些所谓的书本知识阶级，虽然同样爱书如命，却与自然和人类的天性关系甚远，成为世界和灵魂之处的“第三等级”。于是便有了书籍修复者、校勘者和藏书狂。这是非常有害的，而且其实际情形比表面上看起来要严重得多。

如果使用得当，书的益处数不胜数；而一旦被滥用，它又会遗祸无穷。怎样才算使用得当呢？书籍运用所有手段想要实现的唯一目的是什么呢？无非是要给人以启示，我宁肯一本书也不看，也不愿任由书本的吸引力使我脱离自己的轨道，使我从一个星系变成一颗卫星。世上唯一有价值的东西就是充满活力的心灵——自由、独立、活跃的心灵。这是每个人都有权拥有的；尽管几乎在所有人的心灵中都有阻碍，甚至有些心灵还没有诞生，但每个人都有一颗这样的心灵。充满活力的心灵能看见绝对的真理，也能表述或创造真理。在这方面，心灵是极具天赋的；它不是少数人享有的特权，而是每个人都有权拥有的一种正当的财富。从本质上来说，心灵是充满进取精神的。书籍、大学、艺术流派以及各种各样的机构，都会因以往的某位天才所说的某句话而故步自封。他们说，这样很好——就让我们这样坚持下去吧。于是，我就受到了他们的限制。他们总是往后看，从不向前看；但天才却是永远看向前方的。人的眼睛并不是长在脑后的。一般人总在憧憬，而天才却着手进行创造——不断的创造就是天才存在的证明。一个人无论多么有天赋，如果不去创造，神性的清纯之泉也不会在他的心中涌动——也许会有煤渣和浓烟，但却不会燃起火焰。这世上既有创造性的举止，也有创造性的行为和创造性的语言；也就是说，这些举止、行为和语言不带有任何习俗或权威的痕迹，而是从心灵的美好感觉中自然而然涌出的。

另一方面，假如一颗心灵没有自己的洞察力，而是一直从另一颗心灵那里接受真理，那么，即使这种真理之光永存，其结果也是危害性的。如果某位天才的影响太过巨大，那他就将成为你最大的敌人。每个国家的文学发展史都可以为我的这种观点作证——英国的戏剧诗人被“莎士比亚化”至今已经有两百年了。

毫无疑问，只有让书籍严格地服从于读者，才是正确的读书方法。“思考的人”绝不能被工具束缚住手脚。书籍是供学者用来度过休闲时光的。当他能够直接理解上帝的智慧时，便无需浪费宝贵的时间去阅读他人的读书笔记了。然而，当不可避免的黑暗时期到来时——当心灵一无所见，阳光被遮蔽，群星不再闪烁时——我们便要借助灯火走向孕育黎明的东方。我们用心聆听，然后便能发表自己的见解。正如一则阿拉伯谚语所说：“一棵无花果树，看着另一棵无花果树，就能结出累累果实。”

值得一提的是，我们的乐观来源于最优秀的书籍；因为它们使我们确信，写书的人与看书的人具有同样的天性。我们在拜读英国的大诗人乔叟、马韦尔和德莱顿的诗句时，感受到的绝对是现代的喜悦——我的意思是，那种快乐大部分是由他们的诗句在永恒的时间中提炼出来的。当看到这位生活在两三百年前的世界中的诗人说出了贴近我们心灵的话语时，我们的惊喜中还融入了一种敬畏之情，因为我自己也想到了这些话，并且几乎脱口而出。然而，为了从哲学原理上证明这种心灵的同一性，我们应该假设有某种预先建立起来的和谐、某种即将产生的远见，以及为了未来需要而进行的某种准备；就像我们观察昆虫时所看到的那样：它们临死前会为永远也看不到的自己的幼虫贮存食物。

（[美]爱默生：《爱默生随笔》，宏铭译，
黑龙江科学技术出版社2011年版，第116–119页）

【选文助读】

美国前总统林肯曾称赞爱默生是“美国的孔子”、“美国文明之父”。他在确立美国文化精神上有巨大的贡献。其诗歌、散文独树一帜，哲理深入浅出，行文自然流畅，形成了“爱默生风格”。

选文是爱默生随笔的代表作。爱默生以客观的说理分析了书

籍之本质与优劣。“在历史所遗留下来的事物中，书籍是最好的一种”，“书籍的原理是崇高的”。书籍中存在的是不朽、永恒的思想。可贵的是，爱默生也想到了一个时代有一个时代之文学，而时代的局限性是无法去除的。“每个时代的人所写的书必定属于当时的时代；或者更确切地说，每一代人都是在为下一代人写书。远古时期的书并不适用于当今时代。”基于这样的论断，爱默生认为阅读不可以用盲目崇拜的眼光看待作者，否则便是“书呆子”。今天也是如此，对权威的书籍我们应怀有客观尊敬的心去拜读。自由、独立、活跃的心灵需要独立的思考。正确的读书方法是“让书籍严格地服从于读者”，在黑暗之时，书籍便可为读者照亮前路。爱默生强调“我不会在对理论体系的偏爱或夸大的本能的驱使下，低估书籍的价值。”他是在要求阅读的创造性，可以说，阅读是书籍的二次创作，所以我们在读书时要思考、要“发明”。

第九节
斯迈尔斯

【作者简介】

塞缪尔·斯迈尔斯（Samuel Smiles，公元1812—公元1904

年），英国道德学家，著名的社会改革家和散文随笔作家，成功学开山鼻祖，也是著名的社会改革家。他被誉为催人奋发向上的“人类精神导师”、“励志和自助之父”。随笔作品涉及人生成功与幸福、良知、信仰、道德、自由与责任等领域。他著名的代表作品有：《自己拯救自己》、《品格的力量》、《金钱与人生》和《人生的职责》。他的作品所蕴含的思想对西方乃至世界众多国家近、现代道德文明的发展产生了巨大的影响，在世界范围内广受流传与欢迎。

【选文呈现】

书伴

书与人的关系，就像朋友和朋友之间的关系一样，因为书与人之间，也存在着某种情谊，我们往往可以从一个人交友的情形，了解他的为人。同样的，从一个人所阅读的书，来品量他，也一样的正确。朋友也好，书也好，我们得好好珍视这份友谊。

古往今来，好书总是人们最好的朋友，这层关系，相信永远不会改变，因为它是一个最有耐心，最令人愉快的良伴，它绝不会在患难时背弃你，它对你永远是那样亲切：年轻的时候，它教导你，使你从中得到乐趣；年纪大了，它又时时安慰你，鼓舞你。

书有一股力量可以使人真切而紧密地互相结合，往往由于对某书有共同喜爱的人而彼此生了亲切之感，经由作者的媒介，而和作者的生活打成一片，于是在思想上，感触上起了共鸣，而建立了彼此之间的亲密关系。一本好书，犹如一个生命的精华，死后最好的藏骨之所，因为个人生命的绝大部分，就是他的思想。一本好书就是由这些黄金似的思想和那些珠玑似的字句堆砌而成的宝藏，其中所闪耀着的灵智是那样的令人怀念，令人珍爱，实在是人类最忠贞的良友和精神的食粮。

书是人类奋斗史上最为不朽的硕果，多少的殿堂，多少的雕像已经随着年代湮没，只有书，还始终屹立着。伟大的思想，伟大的灵智永远经得起时间的考验，从几世纪前，在作者的心中孕育成熟，直到今日。始终是经久而常新，字里行间依然跳跃着当年的思想和宏论，仿佛先哲就在眼前。

书还引导我们生活在一个最美好的社会里，让我们置身于古往今来那些伟大的心灵之中，瞻仰他们的风采，亲沐他们的行谊，聆听他们的言论，分享他们的喜怒哀乐，吸取他们的经验，不知不觉地把自己融进他们匠心独运的幽美意境之中，如浴春风，一生都受用不尽呢!

（［英］培根等：《读书的情趣与艺术》，林衡哲、廖运范译，中国友谊出版公司1988年版，第29-30页）

【选文助读】

斯迈尔斯是伟大的道德学家、著名的社会改革家、成功学的开山鼻祖和散文随笔作家。他一生写过20多部著作，成为世界各国的年轻人最喜爱的人生教科书，被誉为催人奋发向上的“人类精神导师”、“励志和自助之父”。

选文视角独特，是生动与哲理兼备的一篇随笔。在《书伴》中，斯迈尔斯将书籍的力量一层又一层地递进讲述。于人生，“它是一个最有耐心，最令人愉快的良伴，它绝不会在患难时背弃你，它对你永远是那样亲切：年轻的时候，它教导你，使你从中得到乐趣；年纪大了，它又时时安慰你，鼓舞你。”人生的思想精华都已存在于书中，与书为友就能获得来自书籍的持续的“帮助”。尤其是那些历时已久的著作，以其不朽的本质传世，把真知灼见一代传一代。于交友，书籍自有其妙用——“书有一股力量可以使人真切而紧密地互相结合，往往由于对某书有共同喜爱的人而彼此生了亲切之感，经由作者的媒介，而和作者的生活打成一片，于是在思想上，感触上起了共鸣，而建立了彼此之间的亲密关系。”即使是孤身一人，有书陪伴便如良友在侧，作者即为交谈之人。

既以书为友，人生得到指引，仿若航海有了罗盘。斯迈尔斯如是写文，也的确以身实践。后来之人也应在人生之路上坚持阅读，与书为伴。

第十节
赫尔岑

【作者简介】

亚历山大·赫尔岑（Alexander Herzen，公元1812—公元1870年），俄国哲学家、作家、革命家，被称为俄国社会主义之父。在信仰上，赫尔岑是农业民粹主义或农业集体主义、唯农（民）论的倡导者。在哲学和自然科学上，认为自然界的事物是不依赖人的意识而存在的，它的存在是无限的。意识是自然界派生的，思维的规律是被意识到的存在的规律。政治理论上，赫尔岑发展了“俄国式社会主义”理论，认为俄国的资本主义私有制度相对而言不太发达，社会主义思想比较容易为人民所接受，只要能在俄国消灭专制制度和农奴制，社会主义理想就完全有可能在俄国实现。列宁评价赫尔岑 “是通过向群众发表自由的俄罗斯言论，举起伟大旗帜来反对沙皇专制制度的第一人”，称赞他是“在俄国革命的准备上起了伟大作用的作家”。代表作有《自然科学研究通信》、《谁之罪》和《往事与随想》。

【选文呈现】

往事与随想（节选）

除了前室和女仆房，还有一处地方可供我消遣的，在那里我至少不会受到干扰。我喜欢阅读，正如我不喜欢上课一样。热衷于没有系统的阅读，大概正是认真读书的主要障碍之一。例如，我从前和以后，都不能忍受语言的理论研究，但理解和讲话我却学得很快，总能勉强凑合。我也满足于这一点，因为对我的博览群书而言，这已经够了。

我父亲和参政官有一个共同的图书室，藏书相当丰富，大多是上世纪的法文书。它们堆在参政官家底层一间无人居住的潮湿屋子中，钥匙由卡洛保管。这个文学宝库，我可以任意出入，不受限制，爱读什么就读什么。父亲认为这有双重好处：首先，我可以较快学会法文；其次，让我有事可干，就是说我可以安安静静坐在家里，不致出外胡闹。再说，我并不把所有的书放在案头，让人看见——有些书我是藏在小衣柜中的。

我读了些什么呢?长篇小说和喜剧是不用说的。我还读了五十来册法国的《剧目》和俄国的《戏剧》，每册有三个或四个剧本。除了法国作品，我母亲还有拉方登的小说和科策布的喜剧，这些书我都读过两遍。长篇小说对我的影响不能说很大，我像所有的孩子一样，喜欢找那些含有轻薄意味的、不正经的场面看，然而它们没有引起我的特别兴趣。有一个剧本使我着了迷，它对我的影响大得多，我曾反复读过二十来遍，不过我读的是《戏剧》中的俄译本，这就是《费加罗的婚礼》。我爱上了薛侣班和伯爵夫人，不仅如此，我自己就成了薛侣班；阅读时，我的心都收缩了，我感到了一种新的体验，虽然我还不清楚这是什么。这位少年侍从男扮女装的场面，叫我多么陶醉，我真想把那位夫人的丝带也藏在怀里，偷偷吻它。实际上，在这样的年纪，我跟一切女性社会还离得很远。

我只记得，到了星期日，Б家两个小姐有时会从寄宿学校到我家来玩。小的那个十六岁，生得花容月貌。她一进屋，我便慌了手脚，从来不敢对她讲一句话，只是偷偷窥视她那对美丽的黑眼睛，那一绺绺深色鬈发。这事我从未向任何人透露过，爱情的第一次消息便这么过去了，没有谁知道，甚至包括她本人在内。

几年之后，我又遇到她，我的心还是跳个不住，我记起了十二岁时怎样拜倒在她的美貌面前。

我忘记提到《维特》，它也像《费加罗的婚礼》一样，使我沉醉。这小说有一半我不能理解，跳过去了，急着看那可怕的结局，看完，我发疯似的哭了。1839年，我无意之中又看到了《维特》，这是在弗拉基米尔。我告诉我的妻，我小时候如何为它哭泣，并把最后几封信念给她听……念到那个地方，我的眼泪又夺眶而出，我只得停止诵读。

我十四岁以前，父亲对我的管教不能说十分严厉，只不过我家的整个气氛，一个活泼的孩子是万难忍受的。对身体健康的固执而不必要的关心，加上对精神健康的完全忽视，叫我万分厌恶。老是提防感冒，怕吃的东西不消化，有了一点伤风咳嗽便小题大做。到了冬季，整整几个星期不准我外出，有时侥幸出门一次，也得穿厚皮靴，裹大围巾等等。家中的炉火总是烧得热气腾腾，叫人受不了。如果我的母亲没有遗传给我战胜一切的健康体魄，这种环境必然使我成为娇生惯养、弱不禁风的孩子。不过我的母亲完全没有那些偏见，我在她屋中，可以做在我父亲屋中不能做的一切。

我书念得不好，没有人跟我竞赛，也没有人鼓励我，表扬我。我得过且过，敷衍了事，单凭强记和活跃的想象力代替辛勤的劳动，没有系统，也无人督促。不言而喻，也没有任何人去督促我的教师们；薪水讲定以后，只要他们按时上课，按时下课，就可以接连几年这么干下去，不必对教学情况作任何汇报。

……

然而福音书我却百读不厌，斯拉夫文本和路德的译本我都读。我没有人指导，也不完全理解，但读过的一切都引起我由衷的、深刻的敬意。青年时代初期，我常为伏尔泰主义所吸引，喜爱讽刺和嘲笑，但我不记得我曾经用冷漠的态度对待过福音书，终我的一生莫不如此。尽管年龄增长，境况变化不定，我仍时常重读福音书，每次它的内容都给我的心灵带来和平与温煦。

（[俄]赫尔岑：《往事与随想（上）》，项星耀译，
人民文学出版社1993年版，第32–39页）

【选文助读】

亚历山大·赫尔岑，被称为“俄国社会主义之父”。列宁评价赫尔岑“是通过向群众发表自由的俄罗斯言论，举起伟大旗帜来反对沙皇专制制度的第一人”。他生活的时代动荡不安，他的主张使他生命中很多岁月都在流放中度过。

选文是赫尔岑对往事回顾时写下的。他读书并无系统可言，少年时的阅读纯是兴致所至。他提到了两个要素“强记和活跃的想象力”，出于爱好的阅读虽无系统，但仍然需要记忆与想象。他列举了两本较为喜爱的小说《费加罗的婚礼》《少年维特之烦恼》，它们的内容对现实生活有很久远的影响。

书籍对赫尔岑的影响更明显地显现在福音书上。“尽管年龄增长，境况变化不定，我仍时常重读福音书，每次它的内容都给我的心灵带来和平与温煦”。福音书的温和、平静影响了赫尔岑的心境，正是这样的力量支持着他在不断的流放中依然坚持自己的信念。书籍给予的力量在何时都能给予我们支持，阅读的影响是深刻而广泛的。

第十一节
恩格斯

【作者简介】

弗里德里希·恩格斯（Friedrich Engels，公元1820—公元1895年），德国著名思想家、作家、哲学家、社会主义理论家，科学社会主义的创始人和国际共产主义运动的奠基者。同时，他也是德国马克思主义的创始人之一，国际无产阶级运动的领袖，世界无产阶级的伟大导师和领袖。恩格斯是卡尔·马克思的挚友，被誉为“第二提琴手”，他为马克思从事学术研究提供大量经济支持。马克思逝世后，将马克思遗留下的大量手稿、遗著整理出版，并众望所归成为国际工人运动的领袖。他和马克思共同撰写了《共产党宣言》。马克思逝世后，他承担整理和出版《资本论》遗稿的工作，并著有《自然辩证法》、《家庭、私有制、国家的起源》等。

【选文呈现】

致格奥尔格·亨利希·福尔马尔

敬爱的同志：

您的信昨天才从伦敦转到我这里，因此我回信晚了。

您向我提出的问题很难回答，或者只能做否定的回答。今天，在世界上所有的大学里，没有一门科学比经济学被糟蹋得更厉害。任何地方都没有人讲授李嘉图及其学派的那种老的古典经济学，不仅如此，甚至很难找到有人原原本本地讲授庸俗的自由贸易理论，即所谓巴师夏式的曼彻斯特主义。在英国和美国，同在法国和德国一样，在无产阶级运动的压力下，资产阶级经济学家几乎无一例外地都涂上一层讲坛社会主义的博爱主义色彩，而且到处盛行着无批判的、善意的折衷主义，那是一种柔软的、可塑的、粘质状的动物胶，可以捏成任何一种形状，也正因为如此，它是培养钻营之徒的极好培养基，如同真正的动物胶繁殖细菌一模一样。这种使人萎靡不振、动摇不定、糊里糊涂的思想方式的影响，至少在德国和一部分在美国的德国人中间，甚至在我们党内，都感觉得到，在我们党的周围极为流行。

在这种情况下，我看不出各种各样高等学校之间有任何本质上的区别。最主要的是，认真自学从重农学派和斯密到李嘉图及其学派的古典经济学，还有空想主义者圣西门、傅立叶和欧文的著作，以及马克思的著作，同时要不断地努力得出自己的见解。我认为，您的女朋友会研究原著本身，不会让一些简述读物和别的第二手资料引入迷途。为了便于了解经济状况本身，马克思在《资本论》中指出了最重要的资料。如何利用各国的官方统计材料，如何判断其中哪些有用，哪些无用，这一点最好是通过研究和比较来掌握。其实自学越深入下去，就越能找到最好的门径，知道下一步该怎么学了，不过要有个前提，就是从真正古典的书籍学起，而不是从那些最要不得的德国经济学简述读物或这些读物的作者的讲稿学起。

我在这一问题上所能说的，大致就是这些。如果切尔伯格小姐能从中得到于她有益的东西，那我将感到高兴。

我急切地等着帝国国会的选举。致真诚的敬意。

您的 弗·恩格斯

（［德］马克思，恩格斯:《马克思恩格斯全集 第36卷》，中共中央马克思恩格斯列宁斯大林著作编译局译，人民出版社1975年第199-201页）

【选文助读】

弗里德里希·恩格斯是科学社会主义的创始人和国际共产主义

运动的奠基者。同时，他也是德国马克思主义的创始人之一，国际无产阶级运动的领袖，世界无产阶级的伟大导师和领袖。

恩格斯的读书方法之一是重视读原著，一般不轻易使用第二手、第三手材料。选文是恩格斯的书信，在回答如何学习经济学时，他认为关键是要自学，并掌握有效的自学方法。具体的方法是，“从真正古典的书籍学起，而不是从那些最要不得的德国经济学简述读物或这些读物的作者的讲稿学起。”“最主要的是，认真学习从重农学派到斯密和李嘉图及其学派的古典经济学，还有空想社会主义圣西门、傅立叶和欧文的著作，以及马克思著作，同时要不断地努力得出自己的见解。”也就是说，要系统地读原著，因为“研究原著本身，不会让一些简述读物和别的第二手资料引入迷途。”从恩格斯本人阅读过的书目来看，他虽然也读过大量的通俗小册子、报刊等，但花工夫最大，读得最多的还是那些经典原著。他认为，系统读原著是从事研究的一种正确的读书方法。这样，可以了解一个理论的产生、发展和完善的过程，不仅可以全面系统地掌握基本原理，而且可以掌握其发展过程，了解这一理论的全貌。这一方法对于学习专门学科的书籍有重要的指导作用，在学习过程中，系统地学习能够有事半功倍的效果。

第十二节
托尔斯泰

【作者简介】

列夫·尼古拉耶维奇·托尔斯泰（Lev Nikolayevich Tolstoy，公元1828—公元1910年），俄国批判现实主义作家、思想家、哲学家。托尔斯泰的作品，思想上形成了著名的“托尔斯泰主义”。他反抗暴力与奴役，反对土地私有制度，反对崇尚资本主义物质文明和“进化论”，要求奉行合法的生活义务和合理的生命法则，回返健康的农耕生活，通过人人的劳动和道德实践建立起属于全人类的人间“天国”。托尔斯泰的艺术技巧之魅力，在于空前地把握心灵的辩证发展，细致地描写心理在外界影响下的嬗变过程；并且深入人的下意识，把它与意识的联系勾勒出来。托尔斯泰的艺术风格是朴素，力求最充分最确切地反映生活的真实或表达自已的思想。代表作品有《战争与和平》《安娜·卡列尼娜》《复活》等。

【选文呈现】

阅读圈（节选）

我们属于反刍动物，仅仅用大量的书填充自己对我们来说是不够的：只要我们没有嚼碎，没有将吞食的一切好好地消化，书籍便不会赋予我们力量和养料。

——洛克

切忌因阅读许多作家的作品以及各种各样的书籍而使你的头脑混乱不清。如果你想吸取有益的东西，那惟有靠真正优秀作家的作品来滋养你的头脑。过多的书籍无益于你的头脑，因此应当读公认的好书。如果偶尔产生读其他种类作品的愿望，那么永远别忘了回到原来的书籍里，绝不可流连忘返。

——塞内加

真正的有识之士一旦明白了道的必要性，他就努力实行道。平庸的读书人一旦听说了道的必要性，他有时会以此为满足，时而将其付诸实施，时而将其搁置一旁。一旦一个愚昧的读书人听说了道的必要性，他会对它加以嘲笑。这道如果不被嘲笑，便不算是道了。

——老子

我们若过早读以及常常过量地读那些提供给我们如此多自己无法消化的材料的书籍，我们的记忆力就会变成我们的感觉和兴趣的主人；因此我们常常必须努力思考，以便使我们的感觉回归最初的纯洁无瑕，在别人的思想和观点的垃圾堆里找到自我，以便靠自身开始感觉和说话，我简直要说，以便某个时候开始靠自我生存。

——利希滕贝格

徒具学问不做事的人就如同不下雨的云彩。

——东方哲言

在独立思考时我们可以避免如此多的不必要的阅读！

难道阅读和学习是一回事吗?有人不无根据地断言，图书出版虽然促进了丰富的学识更广泛的传播，但也有损于学识的质量和内容。因为读书过多有害于思维。我所研究的学者中最伟大的思想家恰恰是最不博览群书的。

假如教会人们应当如何思考，而不是只教会他们应当思考什么，——误会便会预先得以防止了。

——利希滕贝格

——噢，我是多么地不幸!我想读精彩的和最有益的书，但是先得完成这个讨厌鬼求我做的事。

——难道，——我要告诉你，——你的责任就是在别人向你求助时才读书吗?你应该知道并记住一点：上帝的愿望是让你现在就完成的事，也是他不希望做的。不久前他为你所安排的生活是希望你独处，希望你与自己倾谈，读、写、为行善事作准备；而今天他将有事求你的人带到你面前，以此上帝好像在说：“走出你的孤独并在具体的事上展示你所学的东西，因为你和别人要看你所读和思考的东西之益处的时候到了”。

不要把脸撞入泥坑里；不要因人们打断了你的事情而抱怨他们；因为假若没有人们，你又为谁服务，你读那有关如何更好地为人们服务的书又有何用?

——爱比克泰德

拥有了知识却不使用的人就如同只耕地却不播种的人。

——萨迪

（[俄]托尔斯泰:《托尔斯泰读书随笔》，王志耕等译，

上海三联书店1999年第190-206页）

【选文助读】

托尔斯泰是一个人类出路的伟大探索者，他对道德的追问引我们深思。面对他的沉思与呐喊，我们为之自感汗颜。他对生命的

推崇是人类永远的旗帜。托尔斯泰读的书可以称得上浩如烟海，他也做了完备的读书笔记，里面有许多引自他人的语录，但实则是由托尔斯泰本人所演绎的，或者说是他在读原文时的感想与发挥。他曾在《生活之路》的序言中说过，“它们做了如此的改动，使我不便再注上作者的名字”。所以，我们把这些札记均视同托尔斯泰的思想。

选文是由众多演绎的语录汇集而成的。在书籍的选择上，托尔斯泰认为“惟有靠真正优秀作家的作品来滋养你的头脑”。过多不经选择的书籍会使大脑混乱，无益于智慧和思考。读书还需切记的是思考。“只要我们没有嚼碎，没有将吞食的一切好好地消化，书籍便不会赋予我们力量和养料。”“在独立思考时我们可以避免如此多的不必要的阅读!”阅读别人的言论只是第一步，只有经过独立的思考才能把他人的思想精华为己所用。

托尔斯泰还不忘实践的重要。“真正的有识之士一旦明白了道的必要性，他就努力实行道。”“拥有了知识却不使用的人就如同只耕地却不播种的人。”因此，阅读、思考，还需践行。正像朱熹的诗句：“纸上得来终觉浅，绝知此事要躬行。”

第四章
十九世纪到二十世纪以后

十九世纪、二十世纪是人类历史上科学技术突飞猛进的世纪。一方面，高速发展的科技极大地改变着人们的生活水平，同时也改变着人们的生活方式与思维习惯；另一方面，科技的进步也为人类带来了环境污染、生态破坏，甚至两次世界大战等巨大的灾难。这个时机的文化巨人多了一份反思意识与警醒意识，通过阅读和书籍，他们更多地看到了读书在人文性的价值关怀，以及与科技相对的反思意识的巨大作用。因而，对阅读的坚持，对书籍的热爱，仍是这个时代的主题。

本章选取了约翰·罗斯金、罗曼·罗兰、毛姆等人的作品，他们分别从读书的动力、读书的乐趣，读书的作用以及读书的方法等多个层面全方位地介绍了读书在当今社会的意义和价值。通过他们的讲述，使我们认识到，知识仍是推动社会发展的不竭动力，阅读仍是获取知识的重要途径，而好的书籍则是我们应当首选的终身伴侣。

第一节
约翰·罗斯金

【作者简介】

约翰·罗斯金（John Ruskin，又译作约翰·拉斯金，1819年–1900年），英国作家、艺术家、艺术评论家、哲学家、教师和业余地质学家。1836年他考入牛津大学基督学院，1840年因病退学。此后两年他在意大利养病，同时收集资料著书立说。1843年，他因《现代画家》一书而成名，书中他高度赞扬了威廉·特纳的绘画创作，其后的写作总计39卷，使他成为维多利亚时代艺术趣味的代言人。另有《建筑的七盏明灯》、《建筑与绘画》等。罗斯金的代表作有《时至今日》、《芝麻与百合》、《野橄榄花冠》、《劳动者的力量》和《经济学释义》等。在这些作品中他提出自己的伦理思想和经济主张。他把中世纪手工业劳动加以理想化，主张回到资本主义初期。他高度评价文艺复兴前期的艺术作品，否定文艺复兴现世的肉欲艺术。他的艺术观同他的社会观不无二致。

【选文呈现】

芝麻——国王的财富（节选）

一时的好书——不包括坏书——只不过就是把一些你无法通过其他途径与之交流的人说过的有用的或令人愉快的话印刷出来给你看。这些书往往很有用，能告诉你所需要知道的东西；这些书往往令人很愉快，就像是一个智慧的朋友在面对面和你聊天。这些书包括欢快的游记、诙谐的谈论、或喜或悲的小说故事和历史事件亲历者讲述的真实事件，等等。这些一时的书，随着教育的普及，越来越多地出现在我们的身边，是我们这个时代的特殊财富。我们应该真心地感谢这些书；如果我们没有好好利用它们，则真应该感到羞愧。但是，如果我们让这些书侵占了真正的书应该拥有的地盘，那我们可就是把它们用在了最不该用的地方，因为严格来讲，这些作品根本不是书，而只是印刷精美的信件或新闻报纸。朋友的来信可能令我们愉悦。或者在今天来说是必需的，但是值不值得一直保留下来，还需要再考虑考虑。新闻报纸也许非常适合在早餐时阅读，但肯定不能读上一整天。所以，这些谈论去年此地有哪些小酒馆和道路，天气如何，或者讲述有趣的故事，或者叙述某一事件的真实情况等的长信，虽然读起来令人很愉快，或偶尔有参考价值，但即便是装订成册，也根本不应该被称为真正意义上的“书”，甚至严格来讲，都不是用来“阅读”的。从本质上讲，书不是口头上的东西，而是写出来的文字。写作，不是仅仅为了交流，而是为了永恒。讲话类的书，印刷出来，仅仅是因为讲话的人不能同时对着成千上万的人说话，如果他能这样做，他肯定选择直接对着他们说——印刷成册不过是为了让更多的人听到他的声音。就好像，你没办法和身在印度的朋友面对面说话——如果可以，你肯定愿意——于是，你选择写信，而信不过是你声音的传送工具。但写书则不同，作者不仅仅是为了让更多的人听到他的声音，不仅仅是通过书来传送他的声音，而是为了使自己的心声得以永恒。作者想要讲述的是他认为真实和有用的东西，或者有益的美好事物。他说的是就他所知的以前别人没有说过，也没有其他人能说的东西。他必须说出这些东西，清楚地、并尽可能优美地表达出来；无论如何，一定要说得清清楚楚。回首所走过的人生，他发现这些是生活向他展示的一面或多面——这些真知灼见来源于他生活过的土地和沐浴过的阳光。他非常乐意将这些东西永远记录下来，如果能够将这些刻在石头上，他会这么做；他会写上：“这是我拥有的最好的东西；除此以外，我和其他人一样，吃、喝、睡、爱、恨，原本我的生命会像水蒸气般消失，但现在不会了；我看到了并明白了这些：如果我有什么值得你们记住的，就是这些了。”这就是他的“作品”，无论他内心的真实灵感有多少，他用人类平凡的文字，书写了自己的墓志铭，这是他的个人经文。这样的作品称为“书”。

……

（［英］约翰·罗斯金：《芝麻与百合》，王大木译，广西师范大学出版社2005年版）

【选文助读】

这篇文章，是罗斯金的一篇演讲稿节选。文章以《芝麻——国王的财富》为题，并非字面意义，而是关于读书与如何读书的珠玑妙笔。罗斯金将书籍比作国王王宫的财富，比作芝麻，比作黄金——而这些，都是需要花费精力与时间，不厌其烦地反复探寻的。读书正是如此，需要在浩如烟海的文献中寻找那些文辞优美、用语严谨、修辞工整的经典书籍，惟其如此，一个人才能得到精神的富足而非物质的丰盈——对于前者，罗斯金在演讲中反复强调。中国古语有云：“书中自有黄金屋，书中自有颜如玉”，以此号召人们读书。但是读书并非为了获得更高地位、受人崇敬，应该是获得丰博的学识、睿智的思维与博大的胸怀，内圣而外王。

读书之事，大抵如此。修身、明智、高远。不是计日程功的短期收益，而是在长久的人生修行中依然获得精神世界的充盈丰满，即使世界如何喧嚣也因为书籍的力量不随波逐流，坚定而宽容。选文最后，罗斯金说：“要使我们每天都能够接触到它，并保持一颗傲慢与批判的心，还要在我们的心中日日耕耘，或许还能预防随时发生的心灵阻塞。”读书是长久的积累与运用，更需要不断思考去保持判断力。这些观点与方法，值得我们去思考与实践。

第二节
罗曼·罗兰

【作者简介】

罗曼·罗兰（Romain Rolland，1866年—1944年），法国思想家、文学家、批判现实主义作家、音乐评论家、社会活动家。1915年诺贝尔文学奖得主，是20世纪上半叶法国著名的人道主义作家。有长篇巨著《约翰·克利斯朵夫》、《名人传》、《托尔斯泰传》等英雄传记以及一系列反映其反对战争、反对一切暴力、害怕集体主义制度妨害个人“精神独立”等思想的论文。后期作品有长篇小说《母与子》等。《罗曼·罗兰读书随笔》摘录了罗曼·罗兰关于一些文学作品与作家的评论。

【选文呈现】

论今日作家在社会中的作用（节选）

我重读了俄国小说中的杰作之一，感到两个时代的差异更加鲜明。这部小说对我来说总是最珍贵的：《战争与和平》。这次重新阅读，我被列夫·托尔斯泰的天才所掀起的生活尘暴所摄服，似乎没有任何表面的选择，没有任何次序在主宰这种生活片断的更替。一切都以同样的真实表现出来。不管大与小，也没有优劣之分。这强有力的生活尘埃，个人、人群和军队，列队上升，又突然落下来，仿佛被盲目的命运所操纵，它主宰着他们嘲笑一切意志。

宿命论在前一个时代把托尔斯泰拖向宗教，与这种观点迥然有别的是，新时代知道往何处去，充满激情地一往直前。个人和群体都掌握着自己的命运。他们的理智指引着他们，它和他们一起，指引着作品。这种意志和这种理智，不断与本能、偏见和激情相悖和斗争。作品的戏剧性就在这里。但不管情节、人物和阶段怎样曲折，这部戏剧，这部作品总是一个迈向或远或近目标的世界；精神为自身制定了这个目标。

这种新文学的社会重要性，首先在于它大胆地给广大的读者群众提供了一面忠实的镜子。伟大的艺术家是他的时代的眼睛。时代正是通过他去观察。在苏联，人们实行自我批评，既满足又严厉(有时不够谨慎，因为敌人滥用了它，转过来反对苏联)，对于阅读和通过作家学会自我评价和自我约束的群众来说，这是一种强有力的检查良心的学校。苏联的重要小说所描绘的集体生活的广阔图画，如同共产主义的澡堂，新一代强壮的年轻人经过沐浴得到成长。

但是我也必须说，在这年轻的文学中，我觉得还有培育得不够的地方。这就是内心生活的广大领域。而以往时代的文学狭隘地禁锢其中，滥用了这种描写。问题不在于把这种变得狭隘的自私心加以翻新，它切断了同集体的联系，在资产阶级作家那里证明了他们缺乏内心生活的源泉。问题在于穿透生活的表皮，直至激情的深层。因为不管社会生活的制度如何，激情都是，而且将来也是生活的隐秘内涵。苏联的同志们，你们健康的共同生活习惯不应该排除每个人自身的生活。你们应该在行动和共同激情的驱使下，安排一个隔绝的房间，可以单独关在里面，估量一下你们的力量和弱点所在，思考、凝思，重新和大地接触，就像安泰一样，振作起来，变得更强大，提起精神，投入新的战斗。我对你们的苏联文学的了解(除了一些特殊的时期以外)，表明往往表面上力量分散，多于在重要或紧张时刻集中激情与思索。让深层生活的浪潮涌现吧，就像在莎士比亚和埃斯库罗斯的杰出作品中那样喷发出来!我们的时代在基本生活的力量方面，优于他们的时代。它等待着描绘者。

我相信这些提醒对所有国家的作家来说，也是有价值的。这能令他们想起艺术确定的范围的两极。伟大的艺术家从这一极到另一极自然死亡。没有行动和幻想的力量联合，就没有伟大的艺术。这是相得益彰的力量。

“必须幻想。”列宁说过。

“必须行动。”歌德说过。

（[法]罗曼·罗兰：《罗曼·罗兰读书随笔》，郑克鲁主编，郑克鲁译，上海三联书店1999年版）

【选文助读】

“必须行动”！“必须幻想”！

这是罗曼·罗兰作为文学批评家，面对大革命后艺术同群众脱离时，以作家的立场，对创作进行的要求与说明。其中主要的一点，是要求文学作品必须同人民大众联系起来，而不能脱离人民群众。即使文学、艺术以及各种创作都需要文学性、修饰性、艺术性，却依然要求那来源于生活的文学源泉。

罗曼·罗兰从作者的角度论述书籍写作与阅读，用饱含激情的笔触抨击当时文坛的“御用文人”风气，积极呼吁作家应该同人民群众保持密切联系，并且分析了同人民产生共鸣的文学作品的作用。同样，那些时至今日依然被称为经典的书，正因为它们在某些方面与人、与人性的关系，因为阅读它们可以获得关于人生的思考，所以被称颂至今。正因如此，作为读者在阅读的时候，更应该保持思考，在源于生活的角度为己所用，在高于生活的角度审美欣赏。

第三节
毛姆

【作者简介】

威廉·萨默塞特·毛姆（William Somerset Maugham ，1874年—1965年），英国小说家、剧作家。代表作有戏剧《圈子》，长篇小说《人生的枷锁》、《月亮和六便士》，短篇小说集《叶的震颤》、《阿金》等。 1916年，毛姆去南太平洋旅行，此后多次到远东。1920年到中国，写了游记《在中国的屏风上》，并以中国为背景写了一部长篇小说《彩巾》。1919年，长篇小说《月亮和六便士》问世。1948年以16世纪西班牙为背景的长篇小说《卡塔林纳》出版，此外又发表了回忆录与文艺批评等作品。1954年，英国女王授予其“荣誉侍从”的称号，他成为皇家文学会的会员。

【选文呈现】

为乐趣而读书

这本小书的分量不得不轻，但我相信读者不会觉得它肤浅。

执笔之际，我并非站在批评家的立场——老实说，我并不是批评家——甚至，我也不把自己视为职业作家（因为，如果以那种资格，我对文学的兴趣一定倾向于特殊方面），而仅仅是一个对于人性具有普遍兴味的凡人。对于列明书单上的作品，我首先要求的就是它们的可读性；因为我希望读者能真正去读这些书，而文学专业者与批评家往往以他们自身的训练，将可读性视为理所当然之事。其实，可读性不该被视为理所当然。许多在文学史上占重要地位的著作，如今除了给专门研究的学者之外，并不需要每个人都去读。生活在繁忙的现代，很少人有时间博览群书，除非与他们直接有关的书籍。因此，我要声明：在下文中所提及的每本书都普遍关涉到每一个人。但所谓可读性，并非意指可以完全不用心去阅读。读者一定要拥有一些属于自己的事物；至少必须拥有对人类事物发生兴趣的能力，而且不能没有想象力。我知道还有很多人说他们没法读小说，我发现那是因为下列的几种因素：他们认为自己心里正忙着某些重要的事情，无法再为想象的事物费脑筋；但其实他们是在自欺，或者，有些人根本对自己本身就漠不关心，当然更无法对发生在他人身上的事感兴趣；还有一些人极端缺乏想象力，无法对小说中人物的欢乐、悲哀产生了解与同情。当然如果你既无好奇心又无同情感，那么，没有一本书是值得读的。一本具有可读性的书必定意味着书中有某些事物与你有所关连，这只是它所拥有的许多特质之一，但这种特质正与读者的兴趣成正比。就整体而言，我相信我所推荐的书，将会引起他们的共鸣与爱好，只要你们具有普遍的兴趣，因为，这些书中所蕴含的人性对我们大家而言，都是亲切而熟悉的。

（[英]毛姆:《书与你》，
花城出版社1981年版）

【选文助读】

这是毛姆为其所著之书《书与你》作的序。这篇文章虽然短小，但作为《书与你》的总序，具有提纲挈领的作用。文章主要介绍了毛姆写书的一些目的，以及个人对于文学的观点。十九世纪、二十世纪的很多文化名人，都具有多重角色。一方面，他们自身可能是文学家、剧作家、大学教授中的某一个职业；另一方面，由于他们在文学、文化中的强闻博识，他们又作为批评家、文学评论家对文学、文化进行评论与研究。毛姆便是其中之一。文中，毛姆并未直接以文学评论者的身份进行书籍的理论性评点，而是关注广大普通读者，关注学术研究者之外的那些读者，介绍文学中的经典书籍。毛姆建议读者关注书中的人性，在阅读时进行反思和思考，从而增长智慧。更重要的是，毛姆建议读者在阅读时充分发挥自己的想象力。爱因斯坦说，想象力比知识更重要。随着年龄增长，很多成年人忽视了想象力的培养，而阅读正是恢复想象力的重要手段。读者可以通过字里行间的描述，在头脑中形成各种或精彩或奇特的画面。正是遨游在书籍的海洋中，在日渐趋同的现实社会中，因为想象力，可以在书中拥有一方自己的乐园，不失为一件乐事。

第四节
王尔德

【作者简介】

奥斯卡·王尔德（Oscar Wilde，1854年—1900年），19世纪出生在英国（准确来讲是爱尔兰，但是当时由英国统治）的最伟大的作家与艺术家之一，以其剧作、诗歌、童话和小说闻名。唯美主义代表人物，19世纪80年代美学运动的主力和90年代颓废派运动的先驱。其作品有小说《道林·格雷的画像》、童话集《快乐王子和其他故事》《石榴屋/石榴之家》、短篇故事集《没有秘密的斯芬克斯》等。《王尔德读书随笔》摘录了王尔德以批评家身份对文学作品与作家的评论观点，其中关于作品的一些观点，对文学阅读具有极大意义。

【选文呈现】

读或者不读

对于书，我想也许宜于分为三类：

1.可读的书，诸如西塞罗的《书信集》，休托纽斯、瓦萨里的《画家的生活》，约翰·曼德维尔、马可波罗、圣西蒙的《回忆录》，蒙森和（及我们获得稍好些的）格罗特的《希腊历史》。

2.可重读的书，诸如柏拉图和济慈。诗歌方面，是指名家作品，而非民间歌谣；哲学方面是指预言家而非学者的。

3.完全不必读的书，诸如汤姆逊的《四季》，罗杰斯的《意大利》，佩利的《证据》，除了圣奥古斯丁以外所有牧师的书，除散文《自由》以外所有约翰·斯图尔特·米尔的书，还有沃尔太的戏无一例外，巴特勒的《类推法》，法格兰特的《亚里士多德》，休姆的《英格兰》，刘易斯的《哲学史》，还有所有辩论书和所有试图证明任何事的书。

这第三类书也是非常重要的，作为一种规则告诉人们这种既无用又有害的书，读些什么；因为文学欣赏是一个气质问题而不是教育问题；帕纳萨斯山上没有入门书，那里无所可学也无所值得学。但告诉大家什么不能读是件艰难的事，我是作为大学函授大纲中的一个任务作此介绍。

的确，在我们这个时代，这是一种最突出的需要，这是一个多读得无时间欣赏的时代，也是个多写得无时间思想的时代，无论谁都将从我们现代课程的混乱中选出“最差的百部书”，并公布其目录，给年轻的一代一个真正的、持续的恩惠。

在表达了上述观点以后，我想，对于“最佳百部书”我全然未提出任何暗示，但我希望你们能允许我的爱好的不一致，尤其是当我向一部书提出要求而感到忧虑的时候，这本书曾被多数曾为你们的专栏做过贡献的优秀评论家不可思议地忽略了，我指的是《希腊文选》。这册集子中的漂亮的诗在我看来其地位如同希腊的戏剧文学，创作于制作精美的塔纳格拉的小雕像和菲狄亚的大理石雕塑的时代，并且它对完整地理解希腊精神很是必要。

我还惊奇地发现埃德加·艾伦·坡也曾经被疏忽。这未必是这位了不起的节奏表现巨头应有的地位吧？如果为了让位置给他，就必须请走某一位的话，我想让骚赛走，而波德莱尔我是取代基布尔的最有利的候选人。

无疑，在《凯哈马之害》和《基督之年》中都有一定类型的诗歌品质，但口味的绝对宽泛也并非毫无危险，只有拍卖商才喜欢一切艺术流派。

（[英]王尔德：《王尔德读书随笔》，张介明译，

上海三联出版社1999年版）

【选文助读】

王尔德在这里将书籍分为三种：可读的书、可重读的书和完全不必读的书。王尔德说“在我们这个时代，这是一种最突出的需要，这是一个多读得无时间欣赏的时代，也是个多写得无时间思想的时代”。即使时间过去上百年，即使直到今天，这句话依然适用。读者总在急迫地追求阅读新书，在书单上增加一部部著作，却甚少停下来思考阅读所得，也多不喜欢将读过的书重读一遍甚至更多遍。然而孔子说：“温故而知新”，学习如此，读书亦如此。因此，通过王尔德的分析，读者应该停下来，慢慢欣赏书籍之美，回味并且思考一本书的真正的、除了知识之外的，思想上、艺术上、美学上、道德上的更多意义。

另外，王尔德根据书籍的分类，将柏拉图和济慈等人的书，即哲学方面和诗歌方面的书列为可重读的书，这类书适合阅读，因为在某种程度上它们促使人思考，使人明智而辨是非。

第五节
拉尔博

【作者简介】

瓦莱里·拉尔博（又译作拉博Valery Larbaud, 1881年－1957年），法国诗人、小说家、翻译家和评论家。《尤利西斯》法文版的校订者。有散文集《情侣，幸福的情侣》，评论集《读书，这个不受惩罚的癖好》，诗集《赠给富裕的诗歌爱好者》等。所作多以各种形式表述富翁和风雅之士享受和欣赏现代物质文明的欢乐心情，在法国，拉尔博开创了所谓描写“都市风景线”的现代派文学。《读书，这个不受惩罚的癖好》是他有关英、法文学的两卷本评论集。

【选文呈现】

读书，这个不受惩罚的癖好

19世纪初，英国人发现他们有日耳曼血统——于是他们决定继续做他们的日耳曼人，不过是以一种更加引人注目的方式，一心一意地做日耳曼人的。在柯尔律治和德·昆西之后，卡莱尔以其雄辩的一生发誓他不是法国人，而且他有血缘关系的兄弟姐妹都在莱比锡，而不是在罗马或者巴黎。对于这种令人不快的看法，我们可以有两个答复：其一，日耳曼的首都(既然已经是日耳曼人的话)并不一定就是位于欧洲交叉路口，多少游牧部落和军队从这里跨越过使它不堪重负的德国；其二，英国和法国在文学上有着久远的姻缘。乔叟从法语翻译作品，莎士比亚是蒙田的读者——他签过名的书还在那里；斯威夫特对伏尔泰留下了他巨大的身影；波德莱尔源自德·昆西和爱伦·坡。小诗人瓦莱里·拉博也是从惠特曼走出来的。幸好他的亲英倾向并不仅限于像在《A. O. 巴纳波特的诗》中那样模仿美国或者英国的作品，而是经过评论、调整、翻译。他最近的一本书有个副标题为《英国领地》，书中有关于C. 帕特莫尔的内容，还有关于“准备给爱尔兰一种新神话”的詹姆斯·斯蒂芬斯的内容，关于威廉·福克纳、詹姆斯·乔伊斯、塞缪尔·巴特勒等人的内容……(据我所知，这最后一本书在布宜诺斯艾利斯已经有五位读者：阿图罗·坎塞拉、维多利亚·奥坎波、玛丽亚·罗萨·奥利维尔、佩德罗·恩里克斯·乌雷尼亚和我。我要向那些不认识的读者朋友致歉，还要向巴特勒的那位朋友致敬，是他跑出了这份并不完整的名单，而我还叫不上他的名字)

（[阿根廷]豪·路·博尔赫斯著，王永年、林之木等译，《博尔赫斯全集　散文卷（下卷）》，浙江文艺出版社，1999年版）

【选文助读】

这是一篇形式短小的散文。但在数百字间，却包含了丰富的文学作品与作家。瓦莱里·拉尔博信手拈来一般介绍着那些文学经典作品与作家，实则在为法国文学的优良传统与成就正名——看似是依附英国文学经典，其实是以一种带幽默口吻的语言说明法国文学的优秀。

第六节
茨威格

【作者简介】

斯蒂芬·茨威格（Stefan Zweig，1881年—1942年），奥地利小说家、诗人、剧作家和传记作家。代表作有短篇小说《象棋的故事》、《一个陌生女人的来信》，长篇小说《心灵的焦灼》，回忆录《昨日的世界》，传记《三大师》和《一个政治性人物的肖像》，等等。

【选文呈现】

书：走向世界的入口（节选）

世间的一切运动，从根本上说，都基于人类心灵的两大发明：空间的运动靠发明轮子，连在转得发热的轴上滚动；心灵的运动则靠发明文字。某个姓名失考的人，说不清在什么地方，也说不清在什么时候，第一个将坚硬的木材煣圆，做成轮子，教给全人类去征服阻隔国家、分开民族的远路：有了车子，货物运载四方，旅游增长见识，就都行得通了；某些水果、矿砂、石料和人丁产品，受气候条件限制，产地偏于一隅，大自然这种施加限禁的意志也被抵消了。每个国家都不再单独存在，而是与全世界有了联系。有了这种构想新颖的车子，东方国家与西方国家、南与北、东与西，就增进了相互的了解。正如因技术提高而形式多样的轮子，使汽车飞奔，在火车头下面滚动，在螺旋桨中间旋转，去克服空间的阻力一样，文字也不光是用来抄抄写写，也早已有了进展，由单页到成本的书，去克服不幸的经历和经验只属于个人的局限性。有了书，人就不再视野受限，孑然独处，而能分享古今所发生的一切，分享全人类的所思和所感了。今天，在我们的精神世界中，一切或者说几乎一切精神活动，都离不开书。我们称之为文化的，那种可向往的、超物质的生活形态，离开了书是不可想象的。在我们的个人生活、私生活中，书扩展心灵，除了往往被忽略过的瞬间外，我们一般很少意识到。因为在我们日常工作的圈子里，书总是太过于平凡，以致我们并不怀着常看常新的感激之情，去注意它生命中常看常异的新奇之处。这就像呼吸时吸进氧气，血液有了看不见的养分，就得到神奇的化学更新，我们根本不去想一样，我们也根本不去注意，目不转睛地看书，接受精神要素，从而使得精神振奋或是疲倦。对使用文字多少个世纪以来的我们这些后代子孙来说，阅读差不多已经成了一种身体机能，成了一种下意识动作。书，从小学一年级开始，就摆在我们手边，早已是那种不言而喻与我们共生、伴我们共存的东西，以至于我们拿过一本书来，总那么懒洋洋淡然漠然，就像拿过来一件上衣、一只手套、一根烟、一件随便什么成批生产的大路货一样。有价值的东西，凡是容易到手的，都引不起人对它肃然起敬；只有在真正创造性的，在我们存在的深思熟虑和从内心观察的瞬间，平平常常和屡见不鲜的才重新化为神奇。只有在这样的思考的时刻，我们才会敬畏地觉察到这种魔力般的和震撼灵魂的力量，这种力量从书本进入我们的生活，使我们在20世纪的今天，离开书，就无法再思考我们内心的生活。

……

正因为我不明白文盲的心态，所以我试着设想，离开书我自己的生活会是什么样子，这样来帮我考虑。于是我一开头就设想，在我的生活圈子里，把从文字传播中，特别是从书中得来的一切，暂时全部抛开，这样来思考问题。可是这根本行不通。因为借助知识、经验、感受能力——比亲身经历更进一层——借助来自书本和教育的世界的情感和自己的情感，所得来的一切，如果我试图把这一切都摆脱掉，那作为自我的这个我所感受到的，几乎就什么也不剩了。我考虑什么事情，考虑什么问题，随时随地都要靠从书里经历和记住的一切来进行。有了读来的和学来的一切，每一个词都会引起无数的联想。比如说，一想起我这回去阿尔及尔和突尼斯，不经意之间，就会生出百十种联想，捷如闪电，亮似水晶，集向“阿尔及尔”这个词：会想起迦太基，想起对太阳神的敬奉，想起《萨朗波》，想起李维著作中那些事件，迦太基人、古罗马人，西庇阿与汉尼拔在扎马相遇，同时会想起格里尔帕策未完成的剧本中那些相同的场面，德拉克洛瓦的一幅油画也色彩斑斓地切入，还有福楼拜的风景描写，还有塞万提斯在查理五世手下时，猛攻阿尔及尔受伤，还有成百上千的其他琐事，都只要我一说起或是一想起阿尔及尔和突尼斯这个词，就会神奇地活跃起来。古代两千年的争斗和史实，以及无数与此有关的，都会从记忆里翻涌而出；我小时候读过和学过的一切，都会来丰富这做梦也记得的词。我知道，跳出个人的经验，把书中保存的来自各个国家、各个时代、各种人的一切，一下尽收心底，只有这样的人，才能视野开阔、联系广泛地去思考，才能多侧面地去观察世界。这是一种唯一正确的最佳方案，是一种赠品，或者说是一种恩惠。我也愕然地看到，被书本拒之门外的人，只能多么狭隘地去感受世界。再说，对这一切思之再三，我能有为别人意外的遭遇而感动这种性情，能如此强烈地感到，这可怜的乔万尼缺乏人世间高层次的乐趣，这不也该归功于我从事创作活动的研究吗？因为我们读书，不就是发自内心地去和陌生人一同经历，用他们的眼睛观看，用他们的脑子思考吗?由于这瞬间发生的事情生动而有意义，如今我总是会想起从读书得来的无数快慰，越想越激动，越想越心怀感激……

（［奥］茨威格:《邂逅人与书籍: 茨威格读书随笔》，高中甫等译，金城出版社2014年版）

【选文助读】

茨威格作为文学大家、文化学者，博闻广识，对于西方历史的、思想的、文学方面的研究与思考，带有哲思般的睿智。在这篇文章中，他用丰富而优美的描写与叙述，探索另一个星光闪耀的世界：书籍的世界。不读书的人，就如同一个精神阉人，他们只能部分地、一知半解地了解这个世界，只能通过他人之口得到思想与洞察。的确，书籍应该是我们最习以为常的文化事物，因为习惯所以忽视，忽视了书籍的深远影响——在物质世界外的另一个精神世界——它们建构我们的思维方式，帮助我们认识世界认识自己。但是正如茨威格所说，“读书得来的快慰，那早已淡忘的，会蓦地又泛起心头，泛起一个会使我又想起另一个，如同我想从头上丝绒一样的夜空中去数星星，总有漏掉的和新出现的冒出来，弄得我数不下去一样，透视内心世界的时候，我也看出来，我们还有另一个星空，明光透亮，由多得数不清的点点火花构成的、由我们能够享受到的智慧成果构成的另一个天地。它闪闪发亮，围着我们旋转，还溢出神奇的乐声。”热爱读书吧，去体验那个闪闪发亮的另一个星空的多彩绚烂与奇特精彩。

第七节
海明威

【作者简介】

欧内斯特·米勒·海明威（Ernest Miller Hemingway，1899年—1961年），美国作家和记者，被认为是20世纪最著名的小说家之一。出生于美国伊利诺伊州芝加哥市郊区的奥克帕克，晚年在爱达荷州凯彻姆的家中自杀身亡。是美国“迷惘的一代”（Lost Generation）作家中的代表人物，作品中对人生、世界、社会都表现出了迷茫和彷徨。海明威一生之中曾荣获不少奖项。他在第一次世界大战期间被授予银质勇敢勋章；1953年，他以《老人与海》一书获得普利策奖；1954年，《老人与海》又为海明威夺得诺贝尔文学奖。2001年，海明威的《太阳照样升起》（The Sun Also Rises）与《永别了，武器》两部作品被美国现代图书馆列入“20世纪中的100部最佳英文小说”。海明威一向以文坛硬汉著称，他是美利坚民族的精神丰碑。海明威的作品具有独特的创作风格，在美国文学史乃至世界文学史上都占有重要地位。

【选文呈现】

关于人物描写

这一点也要记住。一个作家要是写得清楚明白，人人都看得出他是不是伪造。如果他用神秘化的手法来回避直接明白的叙述(完全不同于为取得某种效果只得打破句法、语法等所谓常规)，那么，这个作家要经过较长的时间才能被人识破他是一个伪造者，而其他出于同样需要而苦恼的作家却会赞扬他。真正的神秘主义不应当与创作上的无能混淆起来。无能的人在不该神秘的地方弄出神秘来，其实他所需要的只是弄虚作假，为的是掩盖知识的贫乏，或者掩盖他没有能力叙述清楚。神秘主义包含一种神秘的东西，和许多种神秘的东西；但无能并不是一种神秘。过火的报刊文字插进一点虚假的史诗性的东西成不了文学。也要记住这一点：一切蹩脚的作家都喜欢史诗式的写法。

作家写小说应当塑造活的人物。人物，不是角色。角色是模仿。如果作家把人物写活了，即使书里没有大角色，但是他的书作为一个整体有可能留传下来；作为一个统一体、作为一部小说，有可能留传下来。如果作家想写的那个人物谈论旧时代的大师，谈论音乐，谈论现代绘画，谈论文学或者科学，那么他们就应当在小说里谈论这些问题。如果人物没有谈论这些问题，而作家叫他们谈论，那么这个作家就是一个伪造者；如果作家自己出来谈论这些问题，借以表现他知道的东西多，那么，他是在炫耀。不管他有多好的一个词儿，或者多好的一个比喻，要是用在不是绝对必要、除它无可替代的地方，那么他就因为突出自己而毁坏了他的作品。散文是建筑物，不是内部装饰，巴洛克风格早已过时。作家自己理智上的思考本可以写成文章低价出售，但放到人工塑造的角色的嘴里，当作小说中人物说的话去发表，虽然可以多赚点钱，算盘打得不错，却成不了文学。小说中的人物不是靠技巧编造出来的角色，他们必须出自作者自己经过消化了的经验，出自他的知识，出自他的头脑，出自他的内心，出自一切他身上的东西。如果他运气好，又认真，写出来的人物完整，那么人物就不止一个线度，就能经久。好作家应当几乎事事都通，当然，他不可能事事都通。大作家好像生来有知识，但实际上不可能；大作家同别人相比，只是天生在学习的速度上较快一点，不必刻意去追求。他凭智力可以判断他对于现有的知识是接受还是不接受。有些东西不可能很快学到，要学到手须得花费很多的时间——我们人人都有的时间。这些东西是最最简单的东西，但弄清这些东西却要花费人们一辈子的工夫，所以每个人从生活里得到的一点新东西是十分宝贵的，这是他留给后世的唯一的遗产。每一部写得真实的小说都为知识总和的积累贡献出了一份力量，让后来的作家去受用；后来的作家多少总得付出一定百分比的经验才能懂得和吸收他天生有权吸收的知识，他必须作为起点的知识。如果一位散文作家对于他想写的东西心里很有数，那么他可以省略他所知道的东西，读者呢，只要作者写得真实，会强烈地感觉到他所省略的地方，好像作者已经写出来似的。冰山在海里移动很是庄严宏伟，这是因为它只有八分之一露在水面上。一个作家因为不了解而省略某些东西，他的作品只会出现漏洞。如果作家不懂得什么叫认真的创作，急于叫人们看到他受过正规的教育，有文化教养或者出身高贵，那这位作家只是学舌的鹦鹉。

（[美]海明威：《海明威谈创作》，董衡巽编选，
生活·读书·新知三联书店1985年版）

【选文助读】

海明威并非一个文学批评方面的专家，没有具有理论体系的著作，但是有很多关于创作的言论散见在他的各种著作中，主要谈论创作经验，包括一般的创作原则和自己特有的原则、技巧和

方法，或者纵横谈论别人的创作和绘画等艺术观点。这篇文章是海明威谈论人物描写方面的特点和方法的观点，出自他的《午后之死》，一部关于斗牛的专著。这段文字中，作者谈到了“冰山原则”，这一原则后来成为著名的写作风格的代名词。通过分析如何写作，读者也可以反向获知应该怎样阅读。正因为作者写作时，可能并未将他的全部感情、思想付之笔端，所以读者在阅读时，当然也不能仅仅通过字面所呈现的风格去理解。那隐藏在水面之下八分之七的冰块，蕴含在作品的形象背后，这不同于“史诗式的”平铺直叙般的叙述，考量读者的理解能力与阅读能力，也可以作为选择书籍的一个标准进行实践。那些在海明威看来优秀的作品，不是用形式上的欲盖弥彰掩饰知识的缺乏，造成一种神秘主义风格，而是真正把人物形象塑造得鲜活清晰。这个方法，读者可以借用在阅读中进行参考。

第八节
弗洛姆

【作者简介】

埃里希·弗洛姆（Erich Fromm　1900年—1980年），国际知

名的美籍德国犹太人人本主义哲学家和精神分析心理学家。毕生旨在修改弗洛伊德的精神分析学说以切合发生两次世界大战后的西方人精神处境，埃里希·弗洛姆被尊为“精神分析社会学”的奠基人之一。是新弗洛伊德主义的最重要的理论家，在德国时弗洛姆是法兰克福学派的重要成员，移居美国后始终保持和该学派的关联。弗洛姆思想的特色便是企图调和弗洛伊德的精神分析学跟马克思的人本主义学说，其思想可以说是新弗洛伊德主义与新马克思主义的交汇。主要著作有《爱的艺术》《逃避自由》《寻找自我》《西格蒙德·弗洛伊德的使命》《马克思关于人的概念》《对人的破坏性之研究》等。

【选文呈现】

阅读

交谈的道理同样适用于阅读。阅读是或者说应该是作者与读者之间的对话。当然，对于阅读来说(对谈话来说也是一样)重要的是我在读“什么”(或我与谁谈话)。如果去读一本毫无艺术性的廉价小说，就谈不上对话了。对小说所做出的反应也绝不会是创造性的。读这种小说就像观看无关紧要的电视节目，或者像吃炸土豆片，人们可以一边看节目一边心不在焉地将炸土豆片吃下去。在读巴尔扎克的小说时，读者能够采取一种创造性的态度，会在内心与作品产生共鸣，也就是说以一种重存在的方式去读。然而，大概多数读者在读这种好书时也采取消费者式的态度，也就是说，以重占有的方式来读，因为这部小说激起了他的好奇心，他想要了解故事的情节，想知道主人公是死了还是活着，以及书中描写的那位姑娘是否被诱骗了。在这种情况下，小说的情节仿佛只是前奏，它使读者兴奋，而悲惨或幸福的结局才是高潮。当他知道了结局之后，也就占有了这个故事，仿佛他亲身经历过一样。但是，他从中并没有获得知识。对人的本质的理解没有因此而深化，对自己也没有什么新的认识，因为他只注意小说中的人物了。

在读哲学或历史方面的书时，也有这两种不同的态度。读者在读有关哲学和历史方面的书时采取哪种方式，或者说有什么坏习惯，都是教育的结果。学校努力将一定数量的“文化财产”传授给学生。然后，在学业结束时给学生出具一张书面证明，证明他占有了文化财产中极小的一部分。因此，学校教给学生读书的方法，都是为了使他们能够复述作者的主要思想。学生就是通过这种方式来“认识”柏拉图、亚里士多德、笛卡儿、斯宾诺莎、莱布尼茨、康德以及海德格尔和萨特的。在上大学之前的初级中学和高级中学里，不同的教育程度主要是根据教给学生多少东西来划分的，而这种教学量又是与学生将来可能占有多少物质财产联系在一起的。谁能够最准确地重复一位哲学家所说的话，那他就被视为优秀的学生，他就像博物馆中知识渊博的向导一样。可是，除了他所占有的这些知识，他什么也没有学到。他没有学会向这些哲学家提出疑问与之交谈；没有意识到哲学家自我矛盾的地方以及他们避而不谈的某些问题和题目；他没有学会去区别作者的哪些观点在当时的条件下是必然的，因为这些观点和看法在当时还是“合理的”；以及哪些观点是作者的新贡献；他体会不到作者什么时候是用他的纯理智在说话，什么时候又注入了自己的情感和思想。此外，他也发现不了这位作者所说的是确实可靠还是只是夸夸其谈，等等。

相反，采取一种重存在态度的读者则坚信，即使是一本被捧上天的书也可能是毫无价值的。有时，他也许会比自以为是的作者本人更了解那本书。

（[美]埃里希·弗洛姆：《占有还是存在》，李穆等译，
世界图书出版公司北京公司，2015年版）

【选文助读】

本书中，弗洛姆区分了两种不同形式的个人体验、生存方式、社会性格：占有(tohave)和生存(tobe)。重“占有”的生存方式的基础是以利润为取向的社会，而“占有”观念的实质是：物——物，即占有者和占有物都成了物，两者之间的关系是死的、没有生命力的。“看起来，我好像拥有一切，实际上一无所有，因为我所有的、所占有的和所统治的对象都是生命过程中暂时的瞬间。”而重

"存在"的生存方式有一个先决条件，即人具有独立性、自由和批判思维，其特征是积极主动地生存。"这种主动性所说的不是那种外在的、身体的活动，不是忙忙碌碌，而是内心的活动，是创造性地运用人的力量。"

伊丽莎白女王一世临终遗言："我所拥有的一切只是暂时的。"这里弗洛姆指出，教育的目的只是让人占有知识，搬运知识，但是只是作为客观存在，没有谁能够独吞和掠夺，因此我们需要学会思考。而阅读，正是在占有的现实中，去探寻一种"占有"之外的你自己的东西。这其中，重要的不是你懂得多少知识，而是你能够理解多少知识，理解这个世界的现象，从而脱离盲目的"占有"——因为那些东西，只是暂时被人保存。

第九节
罗兰·巴特

【作者简介】

罗兰·巴特（Roland Barthes　1915年—1980年），法国作家、思想家、社会学家、社会评论家和文学评论家。早期的著作在阐述语言结构的随意性及对大众文化的一些现象提供类似的分析，在《神话学》书中分析大众文化。《论拉辛》在法国文学界造成轰动，使他成为敢与学院派权威相抗衡的人物。他后来有关符号学的作品包括较激进的《S/Z》、研究日本而写成的《符号帝国》，以及其他一些重要的作品使他的理论在1970年代广受关注，并在20世纪有助于把结构主义建立为一种具领导性的文化学术运动。1976年在法兰西学院担任文学符号学讲座教授，成为这个讲座的第一位学者。

【选文呈现】

写下阅读

我恢复的不是某个读者，你或我，而是阅读。我的意思是说，一切阅读都出自超越个体的形式：由文的字面意义（但这字面意义在何处呢？）造成的联合，无论我们做什么，都绝不会是杂乱无章的；他们总是由某些符码、语言、某些定型的清单标好价（预先取用和写入）。能够想象的最为主观的阅读，仅仅是照某些规则来玩的游戏而已。这些规则出自何处呢？必定不会出自作者，他只是依其一己的方式运用它们，这些规则所来之处远不及作者那么显而易见，他们出自古老的叙事逻辑，出自某种甚至于，我们出生之前就将我们购置了的象征形式，一句话，出自广阔的文化空间，我们个人，身处其中，只不过是一个通道而已，打开一篇文，将它置于远处的系统内，因而就不仅仅是需要和显示他能对自由的理解，还特别的更为彻底的导致了这种确认：不存在阅读的客观和主观的真理，而只有游戏的真理，有游戏再次不能理解为消遣，必须看作一种工作，在那儿劳动的艰辛烟消云散了，阅读就是使我们的身体积极活动起来，处于文字符号，一切语言的招引之下，语言来回穿越身体形成句子之类的波光粼粼的深渊。

青铜小像，细巧而简洁的熔铸而成，从其神情举止里，我可易如反掌的想象能引人阅读的叙事。那种青铜小像，画家用来学习勾画人体的各式各样的姿势，我们阅读也是在纹上明显某姿势，就因这个缘故，他才升级与不，但这种姿势是我们的创造物，它是可能实现的，这是因为文的各个因素之间存在着有章可循的关系，简单地说，就是比例。我试图分析这种比例，描绘表面结构的布局。对于古典之文的阅读，此布局既替它勾勒了轮廓界限，又给了它自由度。

（[法]罗兰·巴特：《S/Z》，屠友祥译，
上海人民出版社2012年版）

【选文助读】

罗兰·巴特作为符号学主义的重要理论家以及结构主义理论家，对于文本、符号的解释与洞察，带有不同一般的细致与深入。

这篇文章，罗兰·巴特用带有符号学主义色彩的文本分析，建构“阅读”这个概念：“阅读就是使我们的身体积极活动起来，处于文字符号，一切语言的招引之下，语言来回穿越身体形成句子之类的波光粼粼的深渊”。他将文字看作一个个符号，进行符号学批评，认为阅读是对字面意义的含纳之外的进一步增补，即为这些词典不能进一步进行解释的意思进行补充，并且附加其意义。同时，阅读也是遵循规则的程序，所有的阅读，都是在事先规定好的程序之下执行的，即使是最主观的个人阅读。在这里，罗兰·巴特将“阅读”这个词进行非同寻常的符号学分析，也使读者能够了解“阅读”这个词的更深远的、语言学背后的意义。同时阅读又是自由的，这些规则又是有章可循的，在这种有规律的规则中，阅读能够带给人在其中充分的自由度。正因如此，人们在受到阅读规则规约的同时，又能够获得文本中的快乐，获得阅读的乐趣与享受。

“作者已经死亡”是罗兰·巴特关于文本阅读和分析方法的一个很重要的观点。古典传统以作者为中心。认为作者创造了作品，作品就像是作者生的孩子一样，在两者的关系中，作者始终处于支配地位，他决定了作品的意义，独霸了作品的解释权。作者处于统领一切的地位，传统的阅读方式是耐心地研究作者本身，他的著作、他的生平、他所处的巨大的历史社会背景，探讨他笔下人物的心理、作品主题、叙事风格，从而将作者带进他的作品中，带到我们对其作品的阅读中。文本似乎永远离不开作者，作者就像个挥之不去的巨大的阴影，在文本中无处不在。而罗兰·巴特认为，我们应该抛弃把文本和作者捆绑在一起分析的传统方法，要去实行一种只与文本本身对话的阅读分析方法。指的是作者一旦完成作品的创作过程，剩下的就交给读者去判定了，作者不再具有话语权。只要作者一搁下笔，作品就以作品自身的生命力走到读者中间去。作品如何起作用，如何被埋没，就任由邂逅的读者去检验。

第十节
池田大作

【作者简介】

池田大作（1928年— ），日本东京人，国际创价学会会长、日本创价学会名誉会长、创价大学创办人，是一位著名宗教家、作家、摄影师。曾任日本创价学会会长，致力于推动文化、教育、和平，1983年获联合国和平奖，1989年获联合国难民专员公署的人道主义奖，1999年获爱因斯坦和平奖。在中国获得的奖项有：中国艺术贡献奖，中日友好“和平使者”称号，“人民友好使者”称号，中国文化交流贡献奖。

【选文呈现】

关于读书问题

最近一个时期，据说女性中读书的人多起来了。一些畅销书的购买者多数是年轻女性。与此相反，男性被视觉、听觉的装置所吸引，以读书为乐趣的风气一下子减少了不少。在电车上，男性多数人在看漫画、期刊和体育新闻，有些大学生还热衷于儿童画报。

然而，在一流企业工作、处于生存竞争最前线的业务尖子，却在孜孜不倦地攻读着企业经营的高深读物。将来要当接班人的尖子和普通职工之间的差别越来越大。今后的社会将以知识的有无取代财产的多少所形成的阶级对立。

进一步说，在今后的社会，除了更具有本部门的专业知识、业务能力之外，还要有相关部门的广泛知识以及对这些知识的深刻理解。此外，管理人士的部门还要懂得人的特性，具备深刻的观察能力。

因此，读书不能局限于本部门的参考书，还要扩大到小说和历史以及更广泛的范围。依据一些权威学者的说法：“读期刊、杂志、报纸等不能叫读书，这同读书二字极不相称。”我不打算谈论干巴巴的理论，在我看来，哪怕读一张传单，只要那上面说的是真理，也应算是“读书”了。

知识的源泉，在我们周围到处都有。问题在于怎样识别真伪、良莠，把其中正确的好的东西摄为己有。有位学者说：“一种是想读书而热心读书，一种是为了消遣才找有趣的书读。这两者是根本不同的。”这话一点儿不错，读书正在于采取什么态度。

那么，什么是读书的正确态度呢？取决于什么呢？我认为应有强烈的人生意愿，保持主动性，有健全的顽强的生活方式。

一本书里写的事情，是真是假，是好是坏，能做出正确分析，也需要在生活中培养判断能力和积累经验，否则就无法体会。而且，读好书之后，应当从中得到希望、勇气和喜悦，开阔视野。

随着出版事业的发达，近来小说等文学类作品为了能够抓住更多的读者，正在苦心钻营。在内容方面变成以兴趣为中心了，用骇人听闻等浅薄的东西来争取读者。

言论自由时代，促进作品质量的提高，广大读者最有责任。支持民主主义社会的柱石是贤明的群众。贤明者少，愚蠢者多，这个社会必然堕落下去。

尼采说：“现在所有的作品中，我最喜爱的是那些用血写出来的书。”作者用自己的生命著述的书，必然引起读者的深刻的共鸣。我希望所有的读书人都应该去追求优秀的作品，对庸俗、轻薄的作品嗤之以鼻。

在今天的社会里，诚挚的热血作家肯定为数不少。他们之所以尚未出头露面，是因为读者大众没有尽到自己的责任，没有真正去支持和发现他们。

一切著述都是作家同读者的对话，是作家同读者的共同的作品。一部优秀作品能够遗留给后世，不仅是作者的名誉，也是同时代读者大众的知识水平的明证。

不读书的人，不光人要变得浅薄，也将被社会的前进步伐所抛弃。

（[日]池田大作:《池田大作思想小品》，程郁、禾声编译，上海社会科学出版社1997年版）

【选文助读】

读书，仿佛不论是中国还是外国，都曾被或者仍然被划归为获得功名的手段之一，所以无怪“书中自有黄金屋”这句谚语如此盛行。池田大作也针对读书这一问题在日本的现象，进行评论。现在社会越来越将阅读作为衡量国民素质的因素之一，阅读的质量与数量，也正在逐渐被人们重视。

毋庸置疑，阅读是对一个人的知识能力、眼光见识的很好的培养和塑造，通过阅读我们能够了解到平时甚少得知的知识、常识与事件，也能够体会到这个世界上存在的光怪陆离与神奇多彩。这些，并非是号召人们通过读书获得某种功利的目的，而仅仅是作为社会个体之一安身立命、博闻广识的要求之一。池田大作说：“不读书的人，不光人要变得浅薄，也将被社会的前进步伐所抛弃。”所说的也不仅仅是地位和阶级的差异，更是头脑思维与远见的差异，而对于后者，才是社会交往中更为重要的一点。

如何才能在有限的时间与空间中获得最大程度的收获呢？池田大作给出了一个建议：精读一本书。书籍对于人类的成长，作用的确不可估量。而精读一本书，仔细揣摩书中的文字与思想、表达与修辞，使那一本经典的书成为你的骨血，熔铸在你的头脑思维中，可以想见，这将会使一个人的成长助益不少。

第十一节
艾德勒

【作者简介】

莫提默·J.艾德勒（Mortimer J.Adler 1902—2001），美国学者、教育家、作家，具有多重面貌而享有盛名。除了写作《如何阅读一本书》之外，以主编《西方世界的境地》并担任1974年第十五版《大英百科全书》的编辑指导而闻名于世。

查尔斯·范多伦（Charles Van Doren 1926— ），曾担任美国哥伦比亚大学教授，后因故离任，和艾德勒一起工作。一方面帮助艾德勒编辑《大英百科全书》，一方面将《如何阅读一本书》1940年初版内容大幅度增补改写。

【选文呈现】

好书能给我们什么帮助

“手段”(means)这两个字可以解释成两种意义。在前面的章节中，我们将手段当作是阅读的规则，也就是使你变成一个更好的阅读者的方法，但是手段也可以解释为你所阅读的东西。空有方法却没有可以运用的材料，就和空有材料却没有可以运用的方法一样是毫无用处的。

以“手段”的后一种意思来说，未来提升你阅读能力的手段其实是你将阅读的那些书。我们说过，这套阅读方法适用于任何一本，以及任何一种你所阅读的书——无论是小说还是非小说，想象文学还是论说性作品，实用性还是理论性。但是事实上，起码就我们在探讨分析阅读与主题阅读过程中所显示的这套方法并不适用于所有的书，原因是有些书根本用不上这样的阅读。

我们在前面已经提过这一点了，但我们想要再提一遍，因为这与你马上要做的工作有关。如果你的阅读目的是想变成一个更好的阅读者，你就不能摸到任何书或文章都读。如果你所读的书都在你的能力范围之内，你就没法提升自己的阅读能力。你必须能操纵超越你能力的书，或像我们所说的，阅读超越你头脑的书。只有那样的书能帮助你的思想增长。除非你能增长心智，否则你学不到东西。

因此，对你来说最重要的是，你不只要能读得好，还要有能力分辨出哪些书能帮助你增进阅读能力。一本消遣或娱乐性的书可能会给你带来一时的欢愉，但是除了享乐之外，你也不可能再期待其他的收获了。我们并不是反对娱乐性的作品，我们要强调的是这类书无法让你增进阅读的技巧。只是报道一些你不知道的事实，却没法让你增进对这些事实的理解的书，也是同样的道理。为了讯息而阅读，就跟为了娱乐阅读一样，没法帮助你心智的成长。也许看起来你会以为是有所成长，但那只是因为你脑袋里多了一些你没读这本书之前所没有的讯息而已。然而，你的心智基本上跟过去没什么两样，只是阅读数量改变了，技巧却毫无进步。

我们说过很多次，一个好的读者也是自我要求很高的读者。他在阅读时很主动，努力不懈。现在我们要谈的是另外一些观念，你想要用来练习阅读技巧，尤其是分析阅读技巧的书，一定要对你也有所要求，这些书一定要看起来是超越你的能力才行。你大可不必担心真的如此，只要你能运用我们所说的阅读技巧，没有一本书能逃开你的掌握。当然，这并不是说所有的技巧可以一下子像变魔术一样让你达到目标。无论你多么努力，总会有些书是跑在你前面的。事实上，这些书就是你要找的书，因为它们能让你变成一个更有技巧的读者。

有些读者会有错误的观念，以为那些书——对读者的阅读技巧不断提出挑战的书籍——都是自己不熟悉的领域中的书。结果一般人都相信，对大多数读者来说，只有科学作品，或是哲学作品才是这种书。但是事实并非如此。我们已经说过，伟大的科学作品比一些非科学的书籍还要容易阅读，因为这些科学作者很仔细地想要跟你达成共识，帮你找出关键主旨，同时还把论述说明清楚。在文学作品中，找不到这样的帮助，所以长期来说，那些书才是要求最多，最难读的书。譬如从许多方面来说，荷马的书就比牛顿的书难读——尽管你在第一次读的时候，可能对荷马的体会较多。荷马之所以难读，是因为他所处理的主题是很难写好的东西。

我们在这里所谈的困难，跟阅读一本烂书所谈的困难是不同的。阅读一本烂书也是很困难的事，因为那样的书会抵消你为分析阅读所做的努力，每当你认为能掌握到什么的时候又会为分析阅读所做的努力，每当你认为能掌握到什么的时候又会溜走。事实上，一本烂书根本不值得你花时间去努力，甚至根本不值得作这样的尝试。你努力半天还是一无所获。

读一本好书，却会让你的努力有所回报。最好的书对你的回馈也最多。当然，这样的回馈分成两种：第一，当你成功地阅读了一本难读的好书之后，你的阅读技巧必然增进了。第二，——长期来说这一点更重要——一本好书能教你了解这个世界以及你自己。你不只更懂得如何读得更好，还更懂得生命。你变得更有智慧，而不只是更有知识——像只提供讯息的书所形成的那样。你会成为一位智者，对人类生命中永恒的真理有更深刻的体认。

毕竟，人间有许多问题是没有解决方案的。一些人与人之间，或人与非人世界之间的关系，谁也不能下定论。这不光在科学与哲学的领域中是如此，因为关于自然与其定律，存在与演变，谁都还没有，也永远不可能达到最终的理解，就是在一些我们熟悉的日常事物，诸如男人与女人，父母与孩子，或上帝与人之间的关系，也都如此。这事你不能想太多，也想不好。伟大的经典就是在帮助你把这些问题想得更清楚一点，因为这些书的作者都是比一般人思想更深刻的人。

（［美］莫提默·J.艾德勒、查尔斯·范多伦：《如何阅读一本书》，赫明义、朱衣译，商务印书馆2014年版）

【选文助读】

《如何阅读一本书》作为西方世界流传已久的一本阅读指导类的作品，在西方世界早已久负盛名。有评论称“不懂阅读的人，初探阅读的人，读这本书可以少走冤枉路。对阅读有所体会的人，读这本书可以有更深的印证和领悟。”

这本书是为那些阅读量积累到一定程度后想要再上一个层次的“阅读者”准备的。阅读将是一项专门的运动，同样需要技巧、脑力、智识多要素综合训练后养成的习惯，是一门功夫。所以作为阅读方法与训练的书籍，书中的很多观点，读者可以作为指导性原则进行实践，不断修正，找到适合自己的阅读方法，真正实现阅读技巧的提升，从而在有限的时间内能够更大程度地读书与阅读。尤其是在今天这个社会，各种媒介的阅读与不同手段与方式的阅读日渐多元，比如网络，比如电视等传媒。阅读就是传播与接收的互动。无论是什么形态，阅读几乎可以说是一种本能了，从人类进入信史，或者说，人类进入文明史之后，直到今天，依然是。阅读，古，但不老。在当前色彩斑斓的世界里，阅读依然是一项基本的人生技能。因此阅读才在人的发展成长过程扮演如此重要的角色。

第十二节
艾伦·雅各布斯

【作者简介】

艾伦·雅各布斯（Alan Jacobs），美国伊利诺伊州惠顿学院英语教授。著有《纳尼亚传奇：C.S. 刘易斯传》、《原罪：文化史》和《阅读的神学》。他关于文学、文化的评论广泛刊登于《波士顿环球报》《美国学者》《牛津美国》等。

【选文呈现】

带着感情，再读一遍（节选）

我在读研究生的时候第一次读了托尔斯泰的《安娜·卡列尼娜》；然后在十几年之后教授小说历史课时又读了一遍；几年之后我再次教授这门课，这次重读时，书中的一段话给我带来了极大的冲击——更加特别的是我以前完全没有注意到这段话。实际上，我根本就不记得看过这段话。

列文和凯蒂的第一个孩子降生了，是个儿子，列文面对这个全身通红、皱巴巴的小东西的反应连他自己都迷惑不解："这个漂亮的婴儿只会让他有种讨厌和怜悯的感觉。"只有在这个孩子打喷嚏的时候，他才会感到一种难以解释的骄傲和自豪。然而他还是觉得很不舒服。

他对这个小东西的感受跟他之前想象的完全不一样。并没有高兴或者快乐的感觉，与之相反，他感到了一种对折磨和痛苦的恐惧感。他知道自己又多了一个弱点。而且一开始这种感受让他非常困扰，对这个小人儿将会遭受的痛苦又让他非常担忧，因此他几乎没有察觉当孩子打喷嚏时，他心中那种无意识的喜悦还有骄傲。

在第三次读这本书时看到这一段，就是我之前从没注意过的这一段，我的眼泪流了下来。几个月之前，我自己当了爸爸，我体会到了列文的那种感受——那个“弱点”就是从今以后，这个小人儿所受的苦也会成为我所受的苦。

这是一个简单而又直接的阅读体验转变的实例：我曾经一时眼拙，不过后来我看到了。但我们对书的反应变化可能比这次转变更微妙、更复杂，也更难理解。

我们这些以自己对文学拥有无限包容力而自豪的人可能很不愿意承认我们对文学的欣赏是有一个范围的。很多年以来，无论我多么努力地尝试，我就是对切斯特顿喜欢不起来。这让我很困扰，因为我非常尊敬的几位作家都对他赞赏有加。我觉得尤其是C. S. 刘易斯，他的风格带有明显的切斯特顿风格。但是在刘易斯那里让我陶醉的内容和风格，回到源头切斯特顿那里却让我觉得难以忍受。我读了一本又一本切斯特顿的书，想找出能打开盒子以让他的魅力释放出来的钥匙；我不断地读下去，因为我总是想，最终总会有什么东西打开山洞大门的。这就像在一个嘈杂的房间里寻找某个人的声音一样：你觉得也许就在下一刻，你就能找到了，然后你就能把它跟别的声音区分开来，专注地聆听这一个声音。

……

重读可以不是出于不满足感，或者书迷对某书的完全沉迷，而是出于一种奇妙的满足感和未完成感杂糅在一起的感觉。重读可以无关喜欢与讨厌，而是出于一种未完成的感觉，觉得一本书里还有更多你没有接收到的信息。发生这种情况，要么是因为这本书本意并不是让读者像休·肯纳说的那样“一遍就能读懂”，要么就是因为你第一遍读这本书的时候，你所处的人生阶段或者你(当时的)精神状态还没有做好准备去迎接这本书的挑战。你脑子的那个声音——把它当成亨德里克斯老师的声音，而且她还用严厉的眼神似看非看地盯着你——告诉你把书拿起来，再读一遍，那么你应该听从这个声音对你的劝告。你只需要练习在其他各种追求新奇的声音中辨别出这个声音。

（[美]雅各布斯:《再读一遍:消遣时代的阅读乐趣》，
魏瑞莉译，译林出版社2013年版）

【选文助读】

再读一遍！雅各布斯提出了在阅读时很常见的一个现象：“我们大多数人读书都读得太快，读得太多，也不愿意重读那些我们以为我们已经明白的内容”，这在前面的引文中已经有人提出，时间过去近百年，直到雅各布斯重新提出，直到二十一世纪的今天，这个现象依然存在。读者太过急躁，总想在自己的书单上列出更多新鲜的、未读过的书，却从来不想回过头将曾经读过的书再读一遍。殊不知，人类的记忆是有限的，无论曾经读一本书时，有多么用心和专注，在更多知识的刺激之下，那些鲜活的记忆也总会模糊和淡忘。这个时候，我们需要的是，带着感情，再读一遍。即如雅各布斯所说，“一本有价值的书只读一遍是绝对不能完全领会其精华所在的，而我们却常常错误地以为读完一遍就万事大吉了。”

另外，雅各布斯还提出，我们应该去读那些在某种程度上，暂时超出我们的理解能力的书籍。有些书籍，在我们初听到或者了解之后，实在不愿意去读，比如那些大部头的专业书籍，或者专著名作，因为总觉得太遥远，因此选择拒绝，比如文中提到的《追忆似水年华》。但是这些书，正说明我们的接受能力还未达到那个程度，因此才会拒绝。那么就去尝试一下吧，又有何困难呢？不过是花费一些时间在上面，用更大的精力去思考而已。再读一遍，勇敢去读。

第五章

外国名人读书趣事

本章选取了十五位文化名人的读书故事，或有关爱书惜书的，或有关勤奋阅读的，或有关读书方法的等等。他们虽处不同时代，但是共同串联起一条关于爱书读书、追求智慧、探寻真理的线索。我们完全可以循着这条线索，驶向知识的海洋，通向智慧的天堂。

第一节

苏格拉底

苏格拉底是古希腊著名的唯心主义哲学家，也是古希腊哲学家柏拉图的老师，其思想深刻地影响着西方整个哲学的进程。

苏格拉底生于雅典的一个石匠家庭，父亲是雕刻匠，母亲是助产婆。幼时家境比较贫寒，使得苏格拉底深刻地感受到维持生计的艰难。但是，苏格拉底勤奋好学，几乎是一有闲暇时间便到当地的书商那里看书。由于经济拮据，为了能够争取一切机会多看几本书，苏格拉底经常帮助书商干活。由此，苏格拉底阅读了大量的图书，也积累了丰富的知识。在不断的阅读过程中，苏格拉底渐渐地对哲学产生了浓厚的兴趣，并决心致力于哲学的研究和探索。

古典唯物主义和唯心主义的争论和斗争一直是古希腊哲学思想和时代精神的主题。当时希腊城邦之间交往频繁，由于雅典是当时希腊最为繁华的城邦，各种思想的代表人物纷纷涌入雅典城。许多学者在公共节日和盛会上都要发表各种应时的演讲，在公民大会及法庭上也经常需要开展辩论。这时候，兴起了一个特别的流派——智者学派。他们思想深刻、言辞锋利、善于辩论，能雄辩地把原本是可疑的事情说得大家都相信。早年苏格拉底对智者的行为产生了极大的兴趣，他曾虚心地向智者们学习辩论、修辞、语法，以及政治活动知识。但是在不断地阅读和逐渐地学习中，苏格拉底逐渐发现了智者的弊端，并逐渐地形成和完善了自己的唯心主义哲学观。并由此获得了不小的声誉。

苏格拉底全部的注意力和研究的重心在伦理学问题上。这和苏格拉底所处的时代正是雅典逐渐走向衰落及其本人对自然科学不太重视有关。苏格拉底告诫人们要“认识你自己”。也就是说，哲学的研究需要从怀疑开始，进而由对外部自然世界的认识，转化为对内在的自我主观世界的认识。而认识的目的，就是获得“真理”，那种超理性的、通过回忆的方式而为精神所启示的道德律令。道德地生活着，是苏格拉底给我们的最大启示。实际上是要求人们顺应雅典奴隶主贵族制政体，并从哲学理论的高度为其所处时代和政体做合法论证。苏格拉底也特别强调要知行合一。知识和智慧的获得，既有来自于对书本的阅读，也有现实实践的不断积累。

第二节
亚历山大

亚历山大大帝，古马其顿国王、亚历山大帝国皇帝。亚历山大是世界古代史上著名的军事家和政治家，被誉为“欧洲历史上最伟大的四大军事统帅之一”。

马其顿国王腓力二世非常重视孩子的教育。因此，亚历山大幼时就曾求学于希腊，拜著名哲学家亚里士多德为师，并深受其影响。亚历山大深受希腊文化熏陶和影响，尤其热爱军事和体育。从儿童时代起，亚历山大便开始广泛阅读各方面的书籍，并从这些书中学习各种军事知识，以及治理国家和应付复杂政治环境的本领。他认为，只有书籍才能让人更快地长大成熟。像个真正的战士，为国家建功立业。他对希腊文学和哲学也有很浓厚的兴趣，并广泛的阅读过希腊名著。亚历山大熟悉荷马著作，对《伊利亚特》阅读尤精。他崇拜主人公阿喀琉斯的智慧和勇敢，渴慕其英雄事迹，同情其悲剧命运。亚历山大希望自己能够效仿英雄，为自己的祖国开疆辟土，建立丰功伟绩。亚历山大读书时，喜欢和别人讨论。围绕某一议题，大家往往很难形成统一的意见和一致的答案。亚历山大就集合一些有识之士共同讨论，各抒己见。而他自己一边读书，一边听取各方的讨论意见。在自己阅读体验思考和别人讨论建议的基础上，往往问题的答案就逐渐形成了。

正是由于亚历山大不断的阅读和积极的思考，才使得其能够拥有丰富的知识和巨大的智慧，在欧、亚大陆上建立起一个以巴比伦为首都，西起古希腊、马其顿，东到印度恒河流域，南临尼罗河瀑布，北至黑海的庞大帝国。帝国的存在虽然短暂，但是促进了希腊古文化的繁荣和发展、东西方文化的交流和经济的发展，对人类社会文化的进展产生了重大的影响。

第三节

恺撒

盖乌斯·尤利乌斯·恺撒是罗马共和国末期政治家、军事家和作家，被誉为“欧洲历史上最伟大的四大军事统帅之一”。

恺撒出生于贵族之家，父母极为重视孩子的教育。儿童时代，恺撒就接受了数学以及拉丁文等的学习，并学习修辞演讲等知识。7岁时，恺撒就广泛阅读了文学、历史、地理以及哲学和法律方面的书籍。此外，他还阅读了各种有关攻城术和战术的军事著作，恺撒醉心希腊文化，对希腊古典文学有很深的研究。通过广泛的阅读和严格的训练，恺撒道德学业日进。不但具有丰富的知识和广博的见闻，而且文章精美，善于辩论。良好的阅读和训练，为恺撒的政治生涯打下了牢固的基础，并将之运用于此后的政治改革和军事行动中。

政治上，恺撒扩大罗马公民权，包括给予北意大利和西西里岛人民罗马公民权。稳固了罗马的政体，扩大了罗马帝国的影响。文化上，恺撒在总结前人历法的基础上，请专家制定了儒略历。对后世影响深远，今天国际上通用的公历就是在此历法基础上改革而成的；此外，恺撒还建立和平广场，推动和平进程，使和平观念深入人心。最后，恺撒与同时代的西塞罗被后世并称为拉丁文学的两大文豪。以他亲身经历所写作的战争回忆录——《高卢战记》，材料翔实、叙述清晰、描述准确，为后人留下了当时外高卢、莱茵河东岸日耳曼地区的山川形势、风俗人情等最早的第一手材料。且目前恺撒主要的传世著作至今仍因高度的文字水平被西方学校教育作为拉丁语教材。

第四节
塞万提斯

塞万提斯是文艺复兴时期西班牙小说家、剧作家、诗人，他被誉为西班牙文学世界里最伟大的作家。评论家们称他的小说《堂·吉诃德》是文学史上的第一部现代小说，同时也是世界文学的瑰宝之一。

1547年9月26日，塞万提斯诞生于马德里附近的一个小城镇阿尔加拉·台艾那瑞斯。他的父亲虽然是一个贫穷的游方郎中，但医术却很精湛。这位常年走南闯北的医生阅历非常丰富，深深体验到知识对一个人的重要，因此在给一些有藏书的富人看病时，都要借许多书带回家给儿子看。在少年时代就十分聪慧的塞万提斯读书之快，常让他的父亲大感惊讶，为了能让儿子读到更多的书，他再去给那些有书人家看病时就把儿子带上，他在屋里给人家看病，让儿子在门外看人家的书。

塞万提斯十三四岁时，就以读书最多而闻名于他们那个小城镇。大量读书使塞万提斯有了创作的冲动和灵感，他慢慢开始学习写作诗歌。不久他写的诗歌就在他们那个小城镇里到处流传，以至于他的父亲独自一人去给人家看病时，人家就会问他："啊，我们的诗人呢？"

1566年，塞万提斯一家来到马德里定居。没有多长时间，塞万提斯就以自己横溢的文学才华在马德里崭露头角。当时在马德里享有盛名的人文主义学者胡安·洛贝斯·台·沃约斯读到塞万提斯的诗以后，亲自登门拜访，并把这位年仅19岁的青年招进自己开办的学校里学习。在这所学校里，塞万提斯的知识得到了充实，并在沃约斯人文主义思想的影响下，写出了许多优美的诗篇，被传诵一时。

1569年冬天，塞万提斯作为西班牙大主教的一名侍从，随从大主教来到意大利罗马。在陪同大主教游历意大利许多文化名城时，塞万提斯写下了很多赞美意大利的诗篇。罗马大主教胡里奥·夸维瓦看到这些诗篇之后，对塞万提斯大加称赞，于是西班牙大主教就把塞万提斯推荐给他当一名侍从。在罗马，塞万提斯因大主教夸维瓦的赏识，而遭到其他侍从的嫉妒和诬陷。不久，在夸维瓦的斡旋下，塞万提斯于1570年加入了西班牙驻意大利的军队，当了一名普通士兵。在当时，这对塞万提斯来说确实是一件好事，因为当时西班牙人普遍认为，在意大利参加为王室效忠的军队，是一条通向荣华富贵的道路。

塞万提斯十分爱好文学，在生活窘迫的时候，卖文是他养活妻儿老小的唯一途径。他用文学语言给一个又一个商人、一种又一种商品做广告。他写过连他自己也记不清数目的抒情诗、讽刺诗，但大多没有引起多大反响。他亦曾应剧院邀请写过三四十个剧本，但上映后并未取得预想的成功。1585年他出版了田园牧歌体小说《伽拉泰亚》(第一部)，虽然他自己很满意，但也未引起文坛的注意。而塞万提斯的代表作《堂·吉诃德》却是宝贵的文化遗产，书中通过堂·吉诃德在游侠生活中的遭遇，揭露了社会的黑暗，抨击了教会的专横，揭示了人民的困苦。他塑造的堂·吉诃德和他的仆从桑丘，是西方古典文学中的两个典型形象，成了全世界人最宝贵的财富。自这部杰作诞生以来，几乎被翻译成世界上所有的文字，在西方它的发行量仅次于《圣经》。

第五节
富兰克林

富兰克林是美国著名的科学家、政治家，参加过美国独立战争，反对英国殖民，并参与起草了《独立宣言》；对大气雷电进行了系统研究，发明了避雷针，为科学进步做出了重要贡献。此外，他还创办《宾夕法尼亚报》，建立美国第一个公共图书馆，推动了美国文化事业的发展和繁荣。

富兰克林幼时家境贫寒，因而只受过两三年的学校教育。从少年时代起就必须要面对生活的困境，独自谋生，且常常因为没有钱而挨饿受冻。但是，富兰克林酷爱读书，一有钱就省下来购买书籍阅读。下面这则故事反映了富兰克林对读书的执着和热爱。

某一天，富兰克林在路上看到一位白发老妪，已饿得走不动了。便好心将自己仅有的一块面包送给她。老妪看富兰克林的样子，看到他也是一个穷人，便不忍收他的面包。

“你吃吧，我包里有的是。”富兰克林说着，拍拍那只装满书籍的背包。

老妪吃着面包，只见富兰克林从背包里抽出一本书，津津有味地读起来。

“孩子，你怎么不吃面包啊？”老妪问道。富兰克林笑着回答说：“读书的滋味要比面包好多了！”

家境贫寒、经济拮据，富兰克林经常只能是靠借书来读。为了能使别人把书借给自己，他常常在夜间向朋友借书。并且连夜专心读书，第二天准时把书还给主人，从不失信。对于特别好的书籍，富兰克林总是要认真地反复阅读，并且把书中启发深刻的字句和段落抄录下来。碰到好文章，精彩句段，他总要背下来。富兰克林读书广泛，涉及自然科学、社会科学等多个学科领域。几年下来，富兰克林积累了大量的读书笔记，为其以后的发展奠定了良好的基础。

第六节

歌德

约翰·沃尔夫冈·冯·歌德，德国著名思想家、作家、科学家，德国古典主义著名的代表之一。他既是最伟大的德国作家之一，也是世界文学领域的光辉人物之一。除了大量的诗歌、戏剧和散文作品以外，1774年发表的《少年维特之烦恼》是歌德最为著名的著作。

歌德一生的著作丰富。无论其数量还是质量，都具有很高的水平。这和歌德总是抓紧时间辛勤读书和勤奋思考是分不开的。

据说，德国大文豪歌德从小酷爱读书，在他很小的时候，就已经博览家里的藏书。

歌德家里有一个小巧精美的图书室。有一次，他从书架上取下一本诗集，刚要读，就被父亲夺走了。父亲对他说："这是'禁诗'，不许你读。以后，我叫你读什么，你就读什么，一切都要按照规矩去做。"

一天上午，小歌德趁父亲不注意，偷偷溜进图书室，拿起那本"禁诗"就读了起来。他不但自己读了，而且叫他的妹妹也读了。

他扮演诗中的魔鬼，他的妹妹扮演别的角色，两人又背又读，专心极了。当时他们的父亲正在理发。歌德背得起劲，声音由低变高，忘了父亲在那里。他的妹妹大呼小叫，走上前将扮演魔鬼的哥哥一把抓住。吓得理发匠打翻了面盆，扣到了父亲身上。

偷读“禁诗”的秘密被拆穿了，歌德虽然受到了一顿训斥。可是，知识的习得和阅读的体验却使他的内心感到非常高兴。

歌德的一生，以其丰富的知识积淀为基础，强大的生命力为后盾，创造了一系列光辉的艺术形象，为世界文学宝库增添了无数的瑰宝。而且，直到其生命最后一刻还伏案奋笔疾书，在自己所创造的艺术境界中结束了伟大的一生。歌德虽然知识渊博，但是他仍不满足。他在谈到自己读书体会时说，时间就是我最宝贵的土地和财产，应该要学会珍惜，合理利用。要学会读书得费多少力量，花多少时间。歌德谦虚地说他本人在这方面花了八十年时间，但还是不能说已经完全达到目的。

第七节

安徒生

汉斯·克里斯汀·安徒生是丹麦19世纪著名的童话作家、诗人，被誉为“世界儿童文学的太阳”。

安徒生出生于一个贫穷的家庭，父亲是鞋匠，母亲是佣人。幼年时期家庭贫困。安徒生从小就喜欢读书，他的父亲常给他讲《一千零一夜》中的古代阿拉伯的神话传说以及丹麦著名剧作家的剧本。由于受父亲和民间口头文学影响，幼小的安徒生逐渐滋长了对文学艺术的向往。后来，安徒生家庭遭遇变故：父亲病逝，母亲改嫁。由于对艺术的追求和向往，以及通过阅读对知识的探索和累积，经过多年的奋斗，安徒生终于凭诗剧《阿尔芙索尔》崭露才华，随后升入哥本哈根大学学习。

哥本哈根大学的学习机会为安徒生的阅读提供了良好的环境和丰富的资源，安徒生极好地利用了这个机会，排除一切困难和压力读完了《莎士比亚全集》，以及德国和丹麦的古典文学作品，为以后的剧本创作打下了牢固的基础，进行了知识的储备。由于出身低微，家庭贫寒，安徒生遭到了诸多的歧视和不平等，但是这些都始终没能动摇安徒生读书学习的决心。反而使得安徒生越挫越勇，愈发坚强。那时候，学校里的图书馆给安徒生极大的安慰。每天晚上，寝室熄灯后，安徒生就偷偷地点起了蜡烛，取出白天从图书馆里借来的书籍，聚精会神地读起来。通过这种方式，他先后阅读了许多外国作家，如歌德、席勒、海涅、司各特、拜伦等人的作品，积累了丰富的文学经验，也锻炼了其文学创作的功底，激发了文学创作的热情。阅读既抚平了安徒生生活的苦闷和痛苦，也将他带到了一个充满理想和美好的崭新世界。这也是日后他能够创作出无数脍炙人口的佳作的前提。

第八节
赫尔岑

赫尔岑是俄国著名的哲学家、作家和革命家，也是俄国杰出的革命民主主义者，唯物主义哲学家和思想家。

赫尔岑本身受过良好的学校教育，也极为重视阅读和书籍在人的思想构成和自我完善中的巨大作用和意义。他说道，不去读书就没有真正的教养，同时也就不可能有什么鉴别力。而他所说的书本，并不是指的某一类书籍，而是若干的不同类别的书籍。他主张，人要全面而广泛阅读，人不读这些书本是不可能算一个完人的。这是因为人类全部的生活和轨迹都在书本中留下了印记。随着时间的推移和变换，种族、人群和国家可能会消逝，但是，书籍却会永远存在，并且会随着人类的成长而成长。也就是说，一切使智慧震惊的学说，一切使内心激动的热情，都在书本中结晶起来、呈现出来。人类蓬勃动荡的生活，人们叫做世界通史的那种巨大的自传，都在书本上记录下来。更进一步，赫尔岑还讲到，书籍不只是过去时代的刻录，它还是这样一种文件，我们根据这种文件来获得真理、支配现在；支配通过辛勤努力所找到的有时还是混合着血汗的全部真理和成果。所以，以此言之，书籍还是未来的纲领。这就要求我们，我们不但要阅读书籍，更要敬重书籍。

第九节
林肯

亚伯拉罕·林肯是美国著名政治家、思想家，美国第16任总统，黑人奴隶制的废除者，被誉为“新时代国家统治者的楷模”。林肯结束了美国“南北战争”，维护了国家主权统一；结束了奴隶制度，促进了种族平等和人权平等；颁布了《宅地法》、《解放黑人奴隶宣言》，巩固了美国民主制度。其百折不挠的精神和永不言败的毅力使得林肯成为美国历史上最伟大的总统之一。

林肯小时候酷爱读书，由于没有钱买书，常常跑很远的路借回来阅读。据说有一次，他听说邻居克劳福特先生有一本《华盛顿生平》，就立刻借了回来。晚上睡觉时把书夹在两段圆木中间的缝里（林肯家是木头房子，墙是圆木做的）。谁知道夜里起了风雨，飘进木墙的雨水把书浸湿了。林肯醒来一看不好，急忙烘干书，但已经破得不像样子了。他找到克劳福特，把事情经过叙述了一番，然后歉意地说："实在对不起！不过为了赔偿你的损失，让我怎么办都好。"克劳福特知道孩子没钱赔书，想了想说："这样吧，你帮我做三天短工。这本书值七角五分钱，三天的报酬也差不多就是这个数目了。"林肯没听太明白，便问："三天的工钱是赔偿书的损失呢，还是把书给我？"克劳福特看出孩子爱书的心情，便说："书当然归你了。"林肯高高兴兴地干了三天杂活，换了一本《华盛顿生平》。

第十节
马克思

卡尔·海因里希·马克思，伟大的思想家、政治家、哲学家、经济学家、革命理论家、社会学家，马克思主义的创始人之一，第一国际的组织者和领导者，全世界无产阶级和劳动人民的伟大导师。

在一些关于马克思生平的书籍和轶闻中，我们可以清晰地看到，马克思对书籍的热爱和对知识的渴求。

大学时代的马克思潜心于哲学、历史、法学、文学、外语和自然科学的研究。梅林在《马克思传》中写道："他在两个学期中所获得的大量知识，如果按照学院式的喂养方法在课堂上点点滴滴灌输的话，就是二十个学期也是学不完的。”这样如饥似渴的图书阅读和知识累积，为马克思以后从事对资本主义的批判和人类解放事业的开拓，打下了良好的基础和充足的准备。

平时，马克思虽然睡得很晚，但每天总是早上八九点钟就起床，喝完一杯黑咖啡和读过报纸之后，就到自己的书房去，一直工作到深夜两三点钟，只是在吃饭和傍晚散步的时候才休息一会。马克思有一种奇特的休息方法：读诗、读小说和演算数学。李卜克内西在《忆马克思》一文中写道：“学习！学习！这就是他经常向我们疾呼的无上命令，他自己就是这方面的榜样。”

马克思是一位顽强的学者，在任何情况下都不放弃读书学习。有一次他害了几个星期的病，在给恩格斯的一封信中他这样说：“在这一段完全不能工作的时期里，我读了卡木特尔的《生理学》、洛德的《生理学》、克利克尔的《组织学》、施普尔茨海姆的《脑和神经系统的解剖学》以及施旺和施莱登关于细胞的著作。”（《马恩全集》第三十卷）

据说，马克思写《资本论》，曾经阅读过一千五百种以上的书籍。他曾经到大英博物馆的图书馆去借书，并且有个固定座位，通常从早上九点坐到下午七点。当他读到兴奋时，往往习惯于把脚在地板上蹭一下。二十五年中，竟把座位底下坚硬的水泥地面磨去一层，后人称为“马克思的脚迹”。

第十一节

托尔斯泰

列夫·尼古拉耶维奇·托尔斯泰，是19世纪中期俄国批判现实主义作家、思想家，哲学家，以其代表作《战争与和平》《安娜·卡列尼娜》《复活》等享誉世界。

托尔斯泰嗜书如命，也爱收藏书籍。据传，普希金藏书大概有一千五百二十三余册，契诃夫一千九百余册，歌德五千四百二十四余册。而这些人的书加在一起也比不上托尔斯泰的藏书多，托尔斯泰六千九百零二册。

我们现在仍然能够通过托尔斯泰遗留下来的日记或者书信，找到其关于购买书籍的故事。托尔斯泰出生于亚斯纳亚-博利尔纳，但他却是莫斯科等城市书店的常客。每次去，他都要订购大量的书籍。托尔斯泰有自己的图书馆，他的图书馆里不断的增添着书架，摆满了除文学作品外，包括哲学社会政治经济学、自然科学、医学卫生、历史、回忆录、生物、文学史、语言学、教育、民族志、地理、旅游、数学等各类书籍。书房里面装不下了，托尔斯泰就把书籍摆到了走廊上。

托尔斯泰读书非常仔细，常常在书中写下自己的感受和评语。例如，他读雨果《九三年》时作的一些标记和批语，仿佛是两位伟大的作家在亲切谈论生活和革命历史；他读赫尔岑《来自对岸》的批语，可以说是一篇专题学术论文；他读《周游世界八十天》时，还亲自动手画插图。

对于托尔斯泰来说，阅读一本好的书籍，就是一种美的享受。而一本好书，就是要让人读了之后，还想再读，回味无穷。

第十二节
乔治·吉辛

乔治·吉辛是英国小说家，散文家，代表作有《新寒士街》《在流放中诞生》《四季随笔》等。其作品主题大都反映了贫穷对于人的腐蚀作用，并且有一种悲观绝望的情绪充斥其中。

乔治·吉辛一生中有很长一段时间都是过着一种穷困潦倒的生活，甚至几乎陷入绝境。但是他从没有放弃对书的热爱和对知识的追求。他的不少书籍都是省下本来该买生活必需品的钱买下来的。正如他自己的回忆所说的：

有许多次，我站在书摊旁或是书店的橱窗前，精神上的渴求和生理上的需要产生矛盾，使我深受抉择之苦。正是午餐之际，我饥肠辘辘，可是看到一卷盼望已久的书，真不忍移步，况且书价又极便宜，岂能错过良机。然而买下它就得对不起肚子。

我的那本《提布鲁斯诗集》就是在这种境遇下买的。当时，我在古巨街一家旧书店的书摊上看到这本书。诗集价值六便士——六便士啊！那时我常在牛津大街的一家咖啡馆吃午饭。我只有六便士——这就是我在这个世界上的所有钱财。用这六便士便可以买到一盘青菜烧肉。第二天我就可以得到一笔收入了。不过我还是不敢等到那时再来买书。我徘徊在人行道上，用手指摸着口袋里那几枚铜币，眼睛瞧着书摊，两种欲望打起架来，书买下了，我把它带回家，一边做着牛油加面包的午饭，一边贪婪地读起来。在这本书的最后一页上，我发现用铅笔写着："一七九二年十月四日读毕"，书内再也找不到其他题词了。我常常喜欢这样设想，这书原也是一位穷书生的，和我一样穷困，一样爱书如命。他用自己的滴滴鲜血买下了这卷书，像我一样津津有味地读着它，可我却说不清，读书到底给他带来了多大的乐趣。

第十三节

高尔基

玛克西姆·高尔基，原名阿列克赛·马克西姆维奇·别什可夫，是苏联作家、诗人、评论家、政论家、学者，代表作品有《海燕》《母亲》《童年》《在人间》《我的大学》等。伟大的革命导师列宁评价说："高尔基是社会主义现实主义文学奠基人，无产阶级艺术最伟大的代表者，无产阶级革命文学导师，苏联文学的创始人之一，政治活动家，诗人。"

高尔基出生于沙俄时代的一个木匠家庭，早年丧父，寄养在外祖母家。家庭极为贫困，只上过两年小学。幼年时代的高尔基到处流浪，从事过各种职业，当过学徒、搬运工人、面包师等。饱受生活折磨，尝遍人间冷暖。但他十分喜欢读书，在任何情况下，他都要利用一切机会，扑在书上如饥似渴地读着。如他自己所说："我扑在书，就像饥饿的人扑在面包上一样。"为了能够获得读书的机会，高尔基受尽了各种屈辱。

高尔基10岁时在鞋店当学徒，没有钱买书，就到处借书读。那时的学徒，实际上是奴仆：上街买东西，生炉子，擦地板，洗菜带孩子……每天从早晨干到半夜。在劳累一天之后，用自制的小灯，坚持读书。

老板娘禁止高尔基读书，还到阁楼上搜书，搜到书就撕碎。因为读书，还挨过老板娘的毒打。高尔基为了看书，什么都能忍受，甚至甘愿忍受拷打。他说过：“假如有人向我提议说：‘你去广场上用棍棒打你一顿！’我想，就是这种条件，我也可以接受的。”

一次，高尔基在烧水时，读书读得入了神，没有发觉水早就烧开了，结果把茶壶烧坏了。这下可闯了祸，凶狠的女主人抄起一根松木棍，不容分说就朝高尔基身上打来，一边打还一边骂，把高尔基打得遍体鳞伤，以至不得不请医生来看。高尔基身上青一块，紫一块，有的地方都渗出了血，木刺都扎进肉里去了。医生从他的背上拔出了十二根木刺，并非常义愤地鼓动高尔基去告发。

女主人这时害怕了，她生怕高尔基去告她虐待罪。马上换了一副可怜的面孔说：“孩子！只要你不去告发我，你提什么条件我都答应。”

“你说话算数？”

“是的。”女主人无可奈何地说。

“只要你允许我在干完活后可以读书，我就不去告发你。”

女主人极不情愿地答应了。这样，高尔基因祸得福，以皮肉受苦的代价，换来了多余时间读书的权利。

第十四节
列宁

列宁，原名弗拉基米尔·伊里奇·乌里扬诺夫，是著名的马克思主义者，无产阶级革命家、政治家、理论家、思想家。他是布尔什维克党的创始人、十月革命的主要领导人，也是苏维埃联邦社会主义共和国的缔造者之一。

列宁酷爱读书，无论在被监禁，或者被流放的日子里，还是在紧张繁忙的革命工作中，他总是能抽出一切闲暇时间来认真地阅读各种书籍。并且形成了自己独特的读书方法，养成了做笔记的好习惯。

以下一则故事反映了列宁特殊的读书方法。

有一次，有人看到列宁手里拿着一本很厚的书籍，快速地翻动着。便问道：

“弗拉基米尔，你在干什么？”

“干什么？”列宁惊奇地抬起头说：“我在看书。”

“你怎么看得那么快？你是全看，还是只是浏览一下？”

“当然是全看，而且是很仔细地看。”

“能看得那么快吗？”

“完全可以。”列宁笑了笑说道，“你说得对，我看得很快，但不这样快不行啊。我已经养成这样的看书习惯了。我必须看很多书。因此，慢慢看是不行的。”

快速阅读是列宁读书的重要方法。据和列宁一起工作过的同志回忆，列宁读书精神非常集中、紧张，所以阅读很快。他不是一行一行地看，而是一页一页地看。并很快地掌握了所读的一切东西，而且掌握得异常深刻和准确。过一段时间，他还能凭记忆援引某些句子和段落，还像他刚刚读过的东西，有过长期的专门的研究一样。

除了快速阅读以外，列宁还非常重视作读书笔记，并且探索了多种多样的作读书笔记的方法。他读书态度认真，一丝不苟。对某一问题往往穷根究底，通过对大量图书文献和统计资料作详细的阅读和长期的研究，整理和搜集了大量的资料作为对问题思考的参照。他喜欢在书上写眉批、注解、评语，有时则画横线、打三角、双杠，圈点或画方框等等。而且，每一种标记都代表着独特的含义。如，横线表示注意，多条横线表示更加注意；划上方框的评语，表示自己思考后的见解；没有闭合的方框则表示思考还不完善，有待深入。列宁做笔记，比较注重理论与实际的结合。他的大量阅读笔记中，都融入了对二十世纪资本主义社会发展进程的思考和对人类解放事业的憧憬和建设。

第十五节

杰克·伦敦

杰克·伦敦，原名为约翰·格利菲斯·伦敦，美国著名的现实主义作家。他著述颇丰，留下了19部长篇小说、150多篇短篇小说以及大量报告文学集，代表作有《马丁·伊登》《野性的呼唤》《白牙》《热爱生命》等。

杰克·伦敦来自底层阶级，经济贫困，生活无依。很小就开始做童工，漂泊流浪。没有时间和机会学习，因而读书不多。但是，后来慢慢走上创作道路，他深感自己的知识储备不足。因而，一方面，他注重对语言词语的学习。由于幼年时间的浪费，没能在最好的时间学习文化，所以识字有限。他就把大字典上的单词，依次抄在卡片上，并随身携带。无论是在行走，还是在散步等活动中，都可以随时拿出来看看。另一方面，他发奋阅读世界名著，如莎士比亚、歌德和巴尔扎克的著作。从中获得了丰富的知识和基本的写作技巧，培养了文学情感和文学想象。通过不断的努力，最终成了享誉世界的作家。

附录

推荐阅读（外国部分）：

1.［古希腊］荷马著：《荷马史诗》，王焕生译，人民文学出版社2016年版。

2.［古希腊］埃斯库罗斯著：《埃斯库罗斯悲剧六种》，罗念生译，上海人民出版社 2016年版；埃斯库罗斯著：《埃斯库罗斯悲剧全集》，张炽恒译，吉林出版集团有限责任公司2010年版。

3.［古希腊］索福克勒斯著：《索福克勒斯悲剧五种》，罗念生译，上海人民出版社 2016年版。

4.［古希腊］欧里庇得斯著：《欧里庇得斯悲剧五种》，罗念生译， 上海人民出版社2016年版。

5.［古希腊］阿里斯托芬著：《阿里斯托芬喜剧六种》，罗念生译，上海人民出版社2016年版。

6.［古罗马］卡图卢斯著：《卡图卢斯<歌集>拉中对照译注本》，李永毅译注，中国青年出版社2008年版。

7.［古罗马］维吉尔著：《埃涅阿斯纪》，杨周翰译，人民文学出版社1984年版。

8.［古罗马］奥维德著：《变形记》，杨周翰译，人民文学出版社1984年版。

9. [日] 紫式部著：《源氏物语》，丰子恺译，人民文学出版社1980年版。

10. [意大利] 但丁著：《神曲》，王维克译，人民文学出版社2002年版。

11. [意大利] 彼特拉克著：《歌集》，李国庆、王行人译，花城出版社2000年版。

12. [意大利] 薄伽丘著：《十日谈》，王永年译，人民文学出版社1994年版。

13. [英] 杰弗雷・乔叟著：《坎特伯雷故事集》，方重译，上海译文出版社1983年版。

14. [法] 拉伯雷著：《巨人传》，鲍文蔚译，人民文学出版社1983年版。

15. [西] 塞万提斯著：《堂吉诃德》，张广森译，上海译文出版社2010年版；[西班牙] 塞万提斯著：《堂吉诃德》，杨绛译，人民文学出版社1979年版。

16. [英] 莎士比亚著，《莎士比亚全集》（增订本 全8册），朱生豪译，译林出版社2016年版。

17. [英] 弥尔顿著：《失乐园》，朱维之译，上海译文出版社1984年版。

18. [法] 莫里哀著：《伪君子》，赵少侯译，人民文学出版社1955年版。

19. [法] 拉辛著：《拉辛戏剧选》，齐放译，上海译文出版社1985年版。

20. [英] 丹尼尔·笛福：《鲁滨孙漂流记》，徐霞村译，人民文学出版社1959年版。

21. [英] 斯威夫特著：《格列佛游记》，张健译，人民文学出版社1962年版。

22. [法] 伏尔泰著：《老实人》，傅雷译，安徽文艺出版社1998年版。

23. [英] 亨利·菲尔丁著：《弃儿汤姆·琼斯的历史》，萧乾、李从弼译，人民文学出版社1984年版。

24. [英] 劳伦斯·斯特恩著：《项狄传》，蒲隆译，上海译文出版社2012年版。

25. [德] 歌德著：《浮士德》，绿原译，人民文学出版社1994年版；[德] 歌德著：《浮士德》，钱春绮译，上海译文出版社1982年版。

26. [英] 威廉·布莱克著：《天真与经验之歌》，杨苡译，译林出版社2002年版。

27. [英] 华兹华斯著：《华兹华斯诗歌精选》，杨德豫译，北岳文艺出版社2000年版；[英] 华兹华斯、柯尔律治著：《华兹华斯、柯尔律治诗选》，杨德豫译，人民文学出版社2001年版。

28. [英] 司各特著：《艾凡赫》，刘尊棋、章益译，人民文学出版社1978年版；［英］瓦尔特·司各特著：《艾凡赫》，王天明译，译林出版社2004年版。

29.［英］简·奥斯丁著：《傲慢与偏见》，张玲、张扬译，人民文学出版社1993年版。

30.［英］简·奥斯丁著：《爱玛》，李文俊、蔡慧译，人民文学出版社2005年版。

31.［法］司汤达著：《红与黑》，郝运译，上海译文出版社2010年版。

32.［英］拜伦著：《唐璜》，朱维基译，上海译文出版社1978年版；［英］拜伦著：《唐璜》，查良铮译，王佐良注，人民文学出版社1980年版。

33.［英］拜伦著：《恰尔德·哈洛尔德游记》，杨熙龄译，上海译文出版社1990年版。

34.［英］雪莱著：《雪莱抒情诗选》，杨熙龄译，上海译文出版社1981年版；［英］雪莱著：《雪莱抒情诗选》，查良铮译，人民文学出版社1958年版。

35.［英］济慈著：《济慈诗选》，查良铮译，人民文学出版社1958年版；［英］济慈著：《济慈诗选》，朱维基译，上海译文出版社1983年版；［英］济慈著：《济慈诗选》，屠岸译，人民文学出版社1997年版。

36.［俄］普希金著：《叶甫盖尼·奥涅金》，智量译，人民文学出版社1985年版。

37. [俄] 普希金著：《普希金抒情诗全集》，冯睿译，上海译文出版社2009年版。

38. [法] 巴尔扎克著：《欧也妮·葛朗台》，傅雷译，人民文学出版社1954年版；[法] 巴尔扎克著：《欧也妮·葛朗台》，张冠尧译，人民文学出版社2000年版。

39. [法] 巴尔扎克著：《高老头》，傅雷译，人民文学出版社1989年版；[法] 巴尔扎克著：《高老头》，张冠尧译，人民文学出版社2002年版。

40. [法] 雨果著：《巴黎圣母院》，陈敬容译，人民文学出版社1982年版。

41. [法] 雨果著：《悲惨世界》（全5册），李丹、方于译，人民文学出版社1984年版。

42. [美] 霍桑著：《红字》，姚乃强译，译林出版社2012年版。

43. [美] 爱伦·坡著，帕蒂克·F·奎恩编：《爱伦·坡集：诗歌与故事》，曹明伦译，生活·读书·新知三联书店1995年版。

44. [英] 丁尼生著：《丁尼生诗选》，黄果炘译，上海译文出版社1995年版。

45. [英] 萨克雷著：《名利场》，杨必译，人民文学出版社2002年版。

46. [英] 狄更斯著：《大卫・科波菲尔》，庄绎传译，人民文学出版社2000年版。

47. [英] 夏洛蒂・勃朗特著：《简・爱》，祝庆英译，上海译文出版社1988年版。

48. [英] 艾米莉・勃朗特著：《呼啸山庄》，杨苡译，译林出版社2001年版。

49. [美] 赫尔曼・麦尔维尔著：《白鲸——莫比・迪克》曹庸译，上海译文出版社1982年版；[美] 梅尔维尔著：《白鲸》，成时译，人民文学出版社2001年版。

50. [美] 惠特曼著：《草叶集》，楚图南、李野光译，人民文学出版社1994年版。

51. [法] 夏尔・波德莱尔著：《恶之花》，郭宏安译，上海译文出版社2013年版；[法] 夏尔・波德莱尔著：《恶之花》，钱春绮译，人民文学出版社1986年版。

52. [法] 福楼拜著：《包法利夫人》，李健吾译，人民文学出版社1989年版。

53. [俄] 陀思妥耶夫斯基著：《卡拉马佐夫兄弟》，荣如德译，上海译文出版社2015年版；[俄] 陀思妥耶夫斯基著：《卡拉马佐夫兄弟》，耿济之译，人民文学出版社1981年版。

54. [俄] 陀思妥耶夫斯基著：《罪与罚》，岳麟译，上海译文出版社2015年版。

55. [俄] 陀思妥耶夫斯基著：《 白痴 》，荣如德译，上海译文出版社2015年版。

56. [俄] 列夫 · 托尔斯泰著：《 战争与和平 》，草婴译，上海文艺出版社2004年版。

57. [挪威] 易卜生著：《 易卜生戏剧选 》，潘家洵等译，人民文学出版社1997年版。

58. [美] 艾米莉 · 狄金森著：《 狄金森诗选 》，江枫译，外语教学与研究出版社2012年版。

59. [美] 马克 · 吐温著：《 哈克贝利 · 费恩历险记 》，成时译，人民文学出版社1989年版。

60. [法] 埃米尔 · 左拉著：《 戴蕾斯 · 拉甘 》，毕修勺译，上海三联书店2013年版。

61. [法] 埃米尔 · 左拉著：《 小酒店 》，王了一译，上海三联书店2013年版。

62. [英] 托马斯 · 哈代著：《 德伯家的苔丝 》，张谷若译，人民文学出版社1984年版。

63. [美] 亨利 · 詹姆斯著：《 一位女士的画像 》，项星耀译，人民文学出版社2013年版。

64. [瑞典] 斯特林堡著：《 斯特林堡小说戏剧选 》，张道文、李之义译，人民文学出版社1999年版。

65. [英] 奥斯卡 · 王尔德著：《 王尔德作品集 》，黄源深等译，人民文学出版社2000年版。

66.［英］萧伯纳著：《人与超人》，李斯译，时代文艺出版社2006年版。

67.［英］约瑟夫·康拉德著：《黑暗的心》，黄雨石译，人民文学出版社2002年版。

68.［俄］契诃夫著：《契诃夫戏剧集》，焦菊隐译，上海译文出版社1980年版。

69.［印度］泰戈尔著：《泰戈尔诗选》，冰心、石真、郑振铎译，人民文学出版社2006年版。

70.［爱尔兰］威廉·勃特勒·叶芝著，王家新编选：《叶芝文集》，东方出版社1996年版。

71.［法］M. 普鲁斯特著：《追忆似水年华》，李恒基等译，译林出版社2008年版。

72.［美］西奥多·德莱塞著：《美国的悲剧》，潘庆舲译，上海译文出版社1994年版；［美］德莱塞著：《美国的悲剧》，许汝祉译，人民文学出版社1986年版。

73.［德］托马斯·曼著：《魔山》，杨武能译，作家出版社2006年版。

74.［英］爱德华·摩根·福斯特著：《印度之行》，杨自俭译，译林出版社2003年版。

75.［奥］罗伯特·穆齐尔著：《没有个性的人》，张荣昌译，作家出版社2002年版。

76. [爱尔兰] 詹姆斯・乔伊斯著：《尤利西斯》，金堤译，人民文学出版社2001年版。

77. [英] 弗吉尼亚・伍尔夫著：《到灯塔去》，瞿世镜译，上海译文出版社2009年版。

78. [奥地利] 卡夫卡著：《变形记》，谢莹莹等译，人民文学出版社2012年版。

79. [奥地利] 卡夫卡著：《城堡》，张荣昌译，上海译文出版社2012年版。

80. [英] 戴维・赫伯特・劳伦斯著：《虹》，黄雨石译，上海译文出版社2006年版。

81. [英] 戴维・赫伯特・劳伦斯著：《儿子与情人》，张禹九译，上海译文出版社2007年版。

82. [日] 谷崎润一郎著：《细雪》，储元熹译，上海译文出版社2007年版。

83. [英] T. S.艾略特著：《荒原：T. S. 艾略特诗选》，赵萝蕤、张子清等译，北京燕山出版社2006年版。

84. [美] 弗朗西斯科・斯科特・菲茨杰拉德著：《了不起的盖茨比》，巫宁坤等译，上海译文出版社2006年版。

85. [美] 威廉・福克纳著：《喧哗与骚动》，李文俊译，：上海译文出版社1984年版。

86. [西] 费德里科 · 加西亚 · 洛尔卡著：《 血的婚礼——加西亚 · 洛尔卡诗歌戏剧精选 》，赵振江译，外国文学出版社1994年版。

87. [美] 欧内斯特 · 海明威著：《 永别了武器 》，于晓红译，人民文学出版社2013年版；[美] 海明威著：《 永别了，武器 》，林疑今译，上海译文出版社1980年版。

88. [日] 川端康成著：《 川端康成小说选 》，叶渭渠译，人民文学出版社1985年版。

89. [美] 弗拉基米尔 · 纳博科夫著：《 洛丽塔 》，主万译，上海译文出版社2011年版。

90. [阿根廷] 博尔赫斯著：《 博尔赫斯短篇小说集 》，王央乐译，上海译文出版社1983年版。

91. [智利] 巴勃罗 · 聂鲁达著，赵振江主编：《 聂鲁达集 》，花城出版社2008年版。

92. [美] 艾萨克 · 巴什维斯 · 辛格等著：《 当代美国短篇小说集 》，方平等译，上海译文出版社1979年版。

93. [爱尔兰] 塞缪尔 · 贝克特等著：《 荒诞派戏剧集 》，施咸荣等译，上海译文出版社1980年版。

94. [美] 理查 · 赖特著：《 土生子 》，施咸荣译，译林出版社1999年版。

95. [法] 加缪著：《 加缪全集 》（ 小说卷 ），柳鸣九等译，上海译文出版社2010年版。

96.［美］拉尔夫·埃利森著：《隐形人》，高晶译，天津科技翻译出版公司2009年版。

97.［美］弗·奥康纳著：《公园深处》，主万、屠珍译，上海译文出版社1986年版。

98.［德国］特·格拉斯著：《铁皮鼓》，胡其鼎译，上海译文出版社2007年版。

99.［哥伦比亚］马尔克斯著：《百年孤独》，黄锦炎等译，上海译文出版社1989年版。

100.［哥伦比亚］马尔克斯著：《霍乱时期的爱情》，徐鹤林、魏民译，漓江出版社1987年版。